Weihnachtsgeschichten aus Spanien

Ins Deutsche übertragen
und herausgegeben von
Erna Brandenberger

Mit 7 Abbildungen

D1930695

Deutscher Taschenbuch Verlag

Oktober 1993
Deutscher Taschenbuch Verlag GmbH & Co. KG,
München
© 1986 Artemis Verlags-AG, Zürich
Umschlagtypographie: Celestino Piatti
Umschlagbild: Juan Bautista Maino, Anbetung der Könige,
1612-13
Satz: IBV, Berlin
Druck und Bindung: C. H. Beck'sche Buchdruckerei,
Nördlingen
Printed in Germany · ISBN 3-423-02322-8

Über dieses Buch

Weihnachtliche Wunder sind rar geworden hierzulande und heutzutage. Aber werfen wir doch einen Blick über die Grenzen: beispielsweise in das Spanien des ausgehenden 19. Jahrhunderts.
Die berühmtesten spanischen Autoren jener Zeit – der große realistische Romancier Pérez Galdós, die Gräfin Emilia Pardo Bazán (die gleichzeitig Meisterin der Kurzerzählung war), Leopoldo Alas (bekannter unter dem Namen »Clarín«) und andere mehr – lassen fast ausnahmslos in der Heiligen Nacht eine wundersame Verwandlung geschehen. Und doch könnten die Geschichten nicht abwechslungsreicher sein: Da werden jähzornige Greise zu sanften Großvätern, leidende Kranke zu glücklichen Engeln, materiell Ruinierte zu Reichen – und sei es nur für einen Tag –, Schwerenöter zu Braven und lebende Truthähne zu Pappkameraden. So erfährt man in diesen Wunder-Erzählungen ganz nebenbei, was weihnachtlicher Brauch ist in Spanien, etwa auch, daß der Heilige Abend, die »Nochebuena«, durchaus keine »Stille Nacht« sein muß, sondern mit Lärm und Gesang auf den Straßen gefeiert wird. Andere Länder, andere Weihnachten – oder gar eine bedenkenswerte Anregung für das eigene Fest?

Literatur · Philosophie · Wissenschaft

INHALT

ANHANG

Emilia Pardo Bazán

Die Vision des Papstes

Unter dem Sternenmantel einer wunderbar klaren, eiskalten Nacht liegt Rom behaglich ausgestreckt da; seine geheimnisvollen Gärten mit den jahrhundertealten Zypressen und Lorbeersträuchern, die so vieles gesehen haben, zeichnen sich als Schattenflecke ab, und größere helle Inseln weißer Baudenkmäler decken wie Grabtücher den Leichnam der Geschichte zu.

Fröhlich laute Menschen spazieren durch die Straßen. Es gibt nur wenige Wagen. Auch die Reichen gehen zu Fuß und mischen sich unter das Landvolk, die Bauern der Umgebung, welche mit ihren Körben voller Marktwaren und Geschenke in die große Stadt geströmt sind. Ihre farbenfrohen, malerischen Trachten unterscheiden sie von den Bürgern; ihre klangvollen Stimmen hallen in der kalten glasklaren Luft, wenn sie ihre Waren anpreisen. Es herrscht emsiges Treiben, alle rennen und stoßen; obwohl niemand vor dem Morgengrauen nach Hause geht – das ist beschlossene Sache –, möchte jeder dabei sein, wenn der Papst in der Basilika Trinità dei Monti den Fürbittegottesdienst vor der Krippe feiert.

Ja, der Papst in eigener Person – nicht wie heute seine Statue, sondern er selbst in Fleisch und Blut, denn noch gehört ihm Rom – wird im Beisein der Menge, welche in freudiger Erregung zittert, vor der Krippe niederknien, wo auf weiches Stroh gebettet das lächelnde Jesuskind liegt. Es ist der 24. Dezember; schon schwingt die große Glocke von Sant' Angelo ein, um mit zwölf Schlägen die Luft zu durchschneiden, und schon hält die päpstliche Kutsche ohne Eskorte und ohne jeglichen Pomp vor der Treppe der Trinità-Basilika.

Der Papst läßt sich beim Aussteigen von seinen Kammerdienern helfen, und behutsam setzt er den Fuß auf das Trittbrett. So gekonnt ist die Zeremonie vorbereitet, daß langsam und feierlich, sobald Papst Pius IX. seinen Fuß auf die erste Treppenstufe setzt, der erste Glockenschlag zur Mitternacht in jedem Turm und von jeder Uhr der Stadt ertönt. Vielstimmig steigt der eindringliche Stundenschlag wie ein mächtiger Hosannaruf zum Himmel und hüllt in seine wunderbar zitternden Klangwellen den Papst ein, der feierlich und gemessen die Treppe emporgeht und die Menge immer wieder segnend grüßt, die vor ihm auf die Knie sinkt und flehende Gebete murmelt. Beim Licht der Sterne und dem noch viel helleren der abertausend Kerzen, welche die Basilika von oben bis unten wie ein einziges Lichtermeer erstrahlen lassen, zwängen sich die Leute durch das weit geöffnete Portal in den festlich geschmückten Raum, um ja den Papst zu sehen, dessen schönes Haupt sich im Gewoge der Menschen vom rotsamtenen hermelinbesetzten Bischofsmantel über der schneeweißen Tunika abhebt und dessen klar geschnittene Gesichtszüge ebenso wie das kunstvoll gekämmte graue Haar an die ehrwürdigen Marmorbüsten erinnern, welche das ›Museo degli Antichi‹ bevölkern.

Nun betritt er die Basilika; er durchschreitet das Schiff, geht die goldene Treppe hinunter, die zur Krypta führt, und während hinter ihm die Gardisten mühsam den Menschenstrom zurückdämmen, der sich zur Balustrade drängt, ist der Papst ganz allein im offenen Bezirk tief unter den Füßen der Leute. Mit seinem angeborenen Gefühl für Haltung – das ihm in hohem Maße eigen ist – schreitet Pius IX. feierlich gemessen auf die Krippe zu, faltet die elfenbeinweißen Hände, hebt einen Augenblick die Augen zum Himmel, wie um Gottes Gegenwart anzurufen; dann kniet er nieder, und während er sich ins Gebet versenkt, fließt die makellos glänzende Stoffülle seines Gewandes in klassischen Faltenwürfen über den Boden, den Alabasterfiguren eines Canova vergleichbar.

Nackt und rosarot liegt das Kind auf dem seidenzarten hellen Stroh und schläft. In der ganzen Basilika hört man nur noch das leise Knistern der brennenden Kerzen und die Flüsterstimme des Papstes, der sein Gebet beginnt. Bei den ersten Worten beleben sich die Züge des Kindes auf wunderbare Weise: das Bildnis wird Fleisch und Blut. Seine Augen öffnen sich, seine Fäustchen strecken sich dem Papst entgegen und winken ihm zu wie einem lieben Großvater. Es setzt sich im Stroh auf und ruft den Papst, der immer noch betet, aber zu spüren glaubt, daß seine Knie nicht mehr auf dem roten Samtkissen aufliegen und daß seine Ellbogen vom geschnitzten Betstuhl weggehoben werden. Sein Körper ist schwerelos und schwebt ruhig in der strahlend goldenen Luft, die aus dem schmelzenden Kerzenwachs flimmernd aufsteigt. Die Krippe ist verschwunden; das Kind ist groß geworden und steht als Jüngling da; statt kindlicher Anmut liest man aus seinem Gesicht Nachdenklichkeit und düstere Schwere. Um den fünfzehnjährigen Jesus herum sammeln sich nun Dutzende von jungen Burschen, als ob die Mauern der Krypta sie ausgeschwitzt hätten, aber es sind häßliche, abgemagerte, schmutzige, mit Lumpen bekleidete oder nackte rachitische Leiber. Erst sind es Dutzende, dann Hunderte, schließlich Tausende, Millionen, ein riesiger brodelnder Haufen, ein unzählbares Heer, welches die Mauern der Krypta sprengt, dann die der Basilika und der Stadt Rom und alle Mauern, welche die immer größer werdende Horde der Elenden und Verwahrlosten zusammenzuhalten versuchen. Sie strömt in die endlos weite Ebene hinaus und wimmelt wie Gewürm um Jesus herum, der unmerklich ein erwachsener Mann geworden ist: sein Bart ist in der Mitte geteilt, kastanienbraun sein Haar und männlich würdevoll sein Gesichtsausdruck. Immer noch mehr Zerlumpte kommen herbei, Nackte, Verletzte, Kranke, Hungernde, Trauernde, von allen Himmelsrichtungen, von allen Enden der Welt kommen sie herbei. Sie schreien vor Hunger, zittern vor Kälte, seufzen in ihrer Verlassenheit, zeigen ihre Wunden vor, berühren das nahtlose Gewand Christi, wollen zu seinen Füßen Schutz suchen, sich an seine Brust lehnen, seine weißen leuchtenden Hände anfassen. Übler Geruch geht von ihnen aus, und der Elendsgestank umweht als stickige Schwade den Papst, der immer noch im Gebet verharrt.

Die Gestalt Christi wird für kurze Zeit verhüllt; dichte dunkle Nebel steigen aus der Erde empor und senken sich vom Himmel herab, bis sie sich ineinander verweben. Den Papst erfaßt Angst: Die Dunkelheit macht ihn blind, und durch die Finsternis schwirren Verwünschungen und zittern Schluchzer. Ein Blitz leuchtet auf; das Kreuz erscheint auf einem Hügel aufgerichtet, und daran hängt bleich und nackt der von den Geißelhieben seiner Peiniger mit schwarz verkrusteten blutigen Striemen gezeichnete Leib des Märtyrers. Die violetten Lippen bewegen sich; der Papst unterbricht seine Bitten, die Sinne verwirren sich ihm, er gibt sich ganz der Anbetung hin, möchte aus sich heraustreten, um Gottes Wort besser zu hören und von den Lippen zu saugen. Der Gekreuzigte schaut mit brechenden Augen auf das wogende Meer abgezehrter, erschöpfter, mißhandelter, beleidigter Geschöpfe, die im Schmerz ihrer Verlassenheit seufzen und stöhnen; dann sagt er mit einer Stimme, die urbi et orbi widerhallt: »Für sie.«

José Martínez Ruiz, »Azorín«

Das dritte Stück Stoff

An der Decke hing ein prächtiger Leuchter; das Licht funkelte; es fiel auf den dicken Teppich, in welchen ich meine Füße vergraben hatte, die mit glänzenden Lackschuhen bekleidet waren. Im anbrechenden Morgen war der Raum in sanfte Schläfrigkeit getaucht; viele Besucher des Festes, eines glanzvollen Festes, waren schon weggegangen; einige der Salons waren schon fast verwaist; ich saß unentschlossen da, war mir nicht im klaren, ob ich bleiben oder ob ich gehen sollte. Natürlich konnte ich nicht bis in den Vormittag hinein in dem Hause herumsitzen. Und bald schon würde sich zag und undeutlich das erste Morgenlicht ankündigen. Inzwischen betrachtete ich in aller Ruhe meine Lackschuhe. Manchmal hob ich die Augen und schaute ohne bestimmtes Ziel zum Deckenleuchter empor, dessen zahllose Lichter funkelten und glitzerten. So verstrich die Zeit; plötzlich merkte ich, daß gegenüber meinen zum Frack passenden Schuhen noch ein Paar zu einem Frack passende Schuhe stand. Ich richtete meinen Blick nach oben und nahm eine ebenfalls in einen Frack gekleidete Gestalt wahr; der Herr mir gegenüber sagte nichts; sicher wartete er darauf, daß ich zu sprechen anfange. Wieder schaute ich für kurze Zeit den Leuchter an; die funkelnden Lichter hatten es mir angetan; unversehens fiel mir ein, daß nun mit dem heller werdenden Tag diese Lichter bald ausgelöscht würden. Aber warum wurde ich traurig bei diesem Gedanken? Ich spürte, daß mir jemand die Hand auf die Schulter legte. Wo war ich mit meinen Gedanken gewesen, daß ich es nicht früher bemerkt hatte? Wer mir freundschaftlich die Hand auf die Schulter legte, war der korrekt gekleidete Herr; ja, er tat diese Geste, und war trotzdem in seinem Sessel sitzen geblieben. Das alles erklärte ich mir, ohne der Logik zu bedürfen; da die Nacht schon so weit vorgerückt war und der Leuchter an der Decke funkelte, brauchte ich mich über nichts mehr zu wundern. Bei anderer Gelegenheit hätte mich dieses mein Verhalten befremdet; jetzt unter den beschriebenen Umständen überhaupt nicht. Mit Flüsterstimme sagte der Herr: »Ich war dort.« Diese einfachen Worte rührten mich; ich finde gar keinen Ausdruck, was für eine ungeduldige Spannung mich auf einmal packte. Sicher würde der Herr nun von seinem weichen Sessel aus erzählen, was dann kam, ohne daß er mir von dort aus die Hand auf die Schulter legen konnte. Nach einer Pause redete er mit der gleichen sanften Stimme weiter. Ich muß noch erwähnen, daß sich meine Unruhe auf einmal legte; die Gelassenheit, der Gleichmut, der Tonfall dieses Herrn weckten sogleich meine Zuneigung. Dann fuhr der Gefährte meiner Einsamkeit fort: »Ich war dort; ich habe alles gesehen; ich weiß Punkt für Punkt, was dort geschah.« Als er gewahr wurde, daß ich mit voller Aufmerksamkeit zuhörte, sprach er lauter und erzählte nun mit fester Stimme: »Die Nacht – eine Winternacht – war klar und hell. Plötzlich schien ein Stern auf, wie ich noch keinen gesehen hatte. Bald waren die zerfallenden Hütten in strahlendes Licht getaucht. Man konnte sehen wie am hellichten Tag; aber es war soeben Mitternacht. Langsam ging ich näher hin: Ich wollte ganz genau sehen, was drinnen vor sich ging; einige Hirten standen vor der Tür; sie gingen auch hinein; der Raum war strahlend hell; auf einmal hörte man Schritte; der Boden war bei der Kälte hart gefroren. Die Schritte kamen immer näher, und dann stieg eine prächtige Gestalt von einem Kamel; es war ein König; ich kann versichern, daß es mir vom ersten Augenblick an klar war. Mit Balthasar – ja, es war Balthasar – betrat ich den Stall; mit dem König waren auch einige Bedienstete gekommen. Langweile ich Sie, mein Herr? Interessiert Sie diese wunderbare Geschichte nicht? Sie schweigen, und wer schweigt, billigt. Somit erzähle ich weiter. Wenn ich jedoch nur einen Augenblick lang gewahr werde, daß Sie an meinen Worten zweifeln, höre ich sofort auf zu reden. Was ich Ihnen hier erzähle, habe ich noch keinem Menschen mitgeteilt. Weit und breit gibt es hier nichts zu sehen im Vergleich zu dem, was ich mit diesen meinen Augen, mit denen ich Sie anschaue, geschaut habe!«

Es entstand eine Pause; die Übernächtigkeit wirkte sich nun, da es gegen Morgen ging, deutlicher aus; der Deckenleuchter mit der Vielzahl seiner Lämpchen strahlte noch heller; je schläfriger wir wurden, desto lebhafter funkelte er; ich konnte mir diesen merkwürdigen Zusammenhang nicht erklären. Was hatte das Lampenlicht mit der Müdigkeit einer ganzen Nacht zu tun? Warum hatte das Rankenmuster auf dem weichen Teppich eine andere Farbe als vorher? Auch dieser Umstand beunruhigte mich nicht. Dann fuhr der Herr fort: »Ich habe dem wunderbaren Ereignis beigewohnt; es entging mir keine Einzelheit; ich kann bezeugen, daß ich allein dort war, bestimmt, um es nachher erzählen zu können; ich sage, daß ich allein dort war, aber ich muß beifügen, glaubwürdige Beweise zu haben, daß ich im Stall von Bethlehem zugegen war. Ich stand genau hinter dem König Balthasar; der König trug einen prächtigen Mantel aus Brokat. Und wissen Sie, mein Herr, was ich tat, ohne daß es der König gewahr wurde? Nun, mit einem Scherchen, einer kleinen silbernen Schere, die ich immer bei mir trage, schnitt ich vorsichtig ein Stücklein Brokat aus seinem Mantel. Hier ist es; ein herrliches Gewebe; ich glaube nicht, daß man heute noch in irgendeiner Weberei einen solchen Stoff herstellen könnte. Wenn Sie wollen, dürfen Sie ihn mit Ihren eigenen Händen berühren.«

Noch bevor er weitererzählen konnte, erschien ein anderer Herr, ebenfalls in korrektem Frack, und schickte sich an zu reden. Ich hatte vorher gar nicht beachtet, daß der erste Herr und ich Zylinder trugen. Hatten wir ihn schon vorher getragen, oder hatten wir ihn eben erst aufgesetzt? Und warum hatten wir überhaupt im Saal unsere Zylinder bei uns, ohne zur Garderobe zu gehen? Und nachdem wir sie schon bei uns hatten, warum hatten wir sie uns auf den Kopf gesetzt? Der Herr, der soeben erschienen war, sagte nun mit sicherer Stimme: »Ich auch.« Was auch? Was hatte dieser unbekannte Herr getan? Er selbst sorgte mit größter Natürlichkeit dafür, mich meiner Zweifel zu entheben; der Herr von vorher zweifelte an gar nichts.

»Ich war in jener Nacht auch dabei; ich war auch an dem berühmten Ort, nämlich in Bethlehem, und habe alles miterlebt. Wahr ist bis in alle Einzelheiten, was dieser Herr hier eben dargelegt hat; natürlich wird er auch meinem Bericht Glauben schenken. Mein Bericht beschränkt sich auf eine einzige Tatsache: Dieser Herr stand hinter Balthasar, und ich stand hinter Melchior. Und da ich einen Beweis brauchte, daß ich tatsächlich im Stall von Bethlehem zugegen war und das wunderbare Geschehnis miterlebte, schnitt ich mit einem Scherchen, einer kleinen silbernen Schere, die ich für alle Fälle immer bei mir habe, ein Stück Stoff aus dem Mantel, in den der König gehüllt war. Hier ist es.«

Der zweite Herr schwenkte ein Stück herrlicher Damaszenerseide in der Luft, derweil der erste Herr dasselbe mit seinem Stück Brokat tat. Da empfand ich etwas, was ich nicht in Worte fassen kann: Hochmütig und stolz fühlte ich mich auf einmal diesen beiden Herren ebenbürtig, und mit selbstsicherer Stimme prahlte ich: »Ich bin auch dort gewesen!« Es entstand eine fast unmerkliche Pause; die beiden Herren erwarteten von mir, daß ich weiterrede. Ich fuhr also fort: »Ich bin auch dort gewesen. Auch ich habe den Beweis, daß ich bei dem wunderbaren Ereignis dabei war. Hier ist er.«

Fiebrig und hastig griff ich in meine Tasche und fing an zu wühlen; da ich nicht in Bethlehem gewesen war, würde ich zur Entschuldigung anbringen, daß ich das Stück Brokat vom Mantel des Königs Kaspar – des Königs, der mir zustand – nicht finden könne; als Vorwand würde ich angeben, daß ich es verloren hatte. Aber plötzlich wurde ich kreideweiß: Meine Finger berührten unversehens das dritte Stück Stoff. Ja, ich hielt das Stück Stoff vom Mantel des Königs Kaspar in der Hand; ich stand vom Sessel auf und taumelte; meine Hände zitterten. Da erlosch auf einmal der Leuchter; von der Decke fielen in dichtem Wirbel duftende Rosen: hellrote, zartgelbe, lichtweiße.

Emilia Pardo Bazán

Jesusa

Endlich sah das Ehepaar seinen Wunsch erfüllt: Das Mädchen kam an einem 24. Dezember zur Welt, und die Eltern empfanden das als Zeichen göttlicher Gnade. Sie tauften es auf den süßen Namen Jesusa und schenkten ihm so viel Liebe und Zärtlichkeit, wie nur reiche Eltern es können, die ihr einziges Kind in schon reifem Alter bekommen und sich vom Schicksal nichts sehnlicher wünschen, als ihm Namen und Vermögen zu vererben. Rosenblätter wurden in die Wiege des Kindes gestreut, und ihr lauer süßer Duft umschmeichelte sanft das Gesichtchen des Neugeborenen...

Wir alle haben schon einmal die traurige Geschichte vom armen verlassenen Mädchen erzählt, das zerlumpt und frierend und vor Hunger und Angst erschöpft durch die Straßen irrt und Hilfe erfleht, bis es entkräftet umsinkt und der Schnee es in sein weiches Leichentuch bettet. Der Jammer der Armut, der Aufschrei des leeren Magens ist durchdringend und menschlich... aber auch der Reiche leidet, nur ist es nicht einfach, ihn zu trösten, denn es genügt nicht, eine Handvoll Münzen auszuteilen, um seine Schmerzen zu lindern, es braucht das Erbarmen Gottes... Wer ein hungerndes und heimatloses Kind mit einem vergleicht, das in Watte gehüllt und mit allen erdenklichen Spielsachen und Freuden verwöhnt wird, und wer ein Kind, das noch nie einen Kuß bekommen hat, mit einem vergleicht, das von einer liebenden Mutter zärtlich an die Brust gedrückt wird, der muß sich über die Ungerechtigkeit in unserer Gesellschaft entrüsten und beim unfehlbaren Richter Anklage erheben.

Geht auf die Straße und laßt eine hilfreiche Münze in die knochige Hand einer Bettlerin gleiten – und besucht nachher Jesusa in ihrem elterlichen Heim. Der Gegensatz wird euch geradezu gotteslästerlich vorkommen. Jede der tausenderlei Nippsachen, die das Kabinett schmücken, jedes der feinen Schildpattdöschen und ziselierten Silberschälchen, die in Mengen im Ankleideraum herumstehen, ist mehr wert, als was Licht und Wärme, Nahrung und Kleidung in einem Jahr für eines der armen Kinder kosten würden, die frierend da draußen an den Straßenecken an den Eisenstäben der Gittertore lehnen, die nicht so hart sind wie manche Herzen.

Tretet über die Schwelle des Schlafgemachs mit den Seidentapeten an den Wänden, geht zum blütenweißen goldgeschmückten Bettchen und betrachtet das Köpfchen, das auf dem Batistkissen ruht... Seht euch das durchsichtige Alabastergesichtchen an, seht in die tieftraurigen veilchenblauen Augen! Wenn ihr das Leintuch hochheben dürftet, ohne das Schamgefühl des Mädchens zu verletzen, das immerhin schon elf Jahre alt ist, es würde sich euren Augen ein herzzerreißendes Bild zeigen, ein Bild unsäglichen Jammers: Da liegt eine Art elendigliches Insekt mit Beinchen wie verbogene Drähte und Händchen, die von Feuerhitze verkrümmt scheinen, vorne und hinten ein Buckel statt Brust und Rücken, der ganze Leib ausgemergelt, völlig von der Krankheit verzehrt. Hätte sich doch die Krankheit begnügt, sie zu entstellen! Aber nein, so schrecklich sind ihre ständigen, immer wieder wechselnden Qualen, daß der Vater in schwarzen Stunden mit erstickter Stimme zur Mutter sagt: »Wäre es nicht besser, alle die Ärzte zu entlassen... aufzuhören mit all den Arzneien... sie nicht weiter zu peinigen... zuzulassen, daß...«

Unaufhaltsam fließende Tränen trüben die Stimme der Mutter: »Nein... nein... wo noch Leben ist...«

Im gemarterten Leib ist der Verstand früh erwacht und munter geblieben. Mit sechs Jahren schon sagte Jesusa Dinge, die in die Seele schneiden. Frühreife Erkenntnisse und Ahnungen, die bei einem gesunden Kind ergötzen, betrüben bei einem kranken noch tiefer, denn tief ist der Abgrund menschlicher Qual. »Mama, bin ich denn böse?« stöhnte das unschuldige Kind.

»Nein, du bist lieb, ganz lieb.«

»Aber warum straft mich dann Gott?«

»Es ist keine Strafe...«, schluchzt die Mutter, »weißt du, wenn du dann gesund bist, dann... dann wirst du dich um so mehr freuen... und auch jetzt, wo du krank bist, hast du mehr schöne Sachen als andere Mädchen, mehr Puppen, mehr Spielsachen, mehr Blumen, ganze Kisten voll wunderbarer...«

Die Kranke schwieg einen Augenblick, schloß die welken Veilchenaugen, öffnete sie wieder und sagte: »So schenke doch alles den Kindern, die nichts haben... und sie sollen mir dafür einen Tag Gesundheit geben... Mama, nur einen Tag!«

Als das seltsame Nervenleiden im Laufe der Zeit sich in immer neuen Anzeichen äußerte, setzte sich in Jesusas Kopf allmählich die Überzeugung fest, daß Austausch und Stellvertretung möglich und machbar seien. Warum taten ihr die Eltern also den Gefallen nicht? Gab es denn etwas Einfacheres und Natürlicheres? Warum verschenkten sie denn nicht alle ihre Schätze und teuren

Puppen den Straßenkindern und den Bettlern, warum verteilten sie ihnen nicht korbweise Süßigkeiten, warum gaben sie ihre gestickten Leintücher und ihre Schwanenflaumdecken nicht einfach weg...? Wenn die armen Kinder ihr dafür mit ein paar Brosamen ihrer Gesundheit zu Hilfe kämen, mit ihrer strotzenden Gesundheit, welche die Welt erfreut, das Herz erwärmt, wie die Sonne strahlt und das Leben verschönt. Ach! Von diesem Krankenbett aufstehen, herumgehen, auf die Straße hinausrennen, frische Luft atmen, fröhlich und frei, unternehmungslustig und gewandt und ohne Schmerzen leben!

Da Jesusa immer wieder von diesem Tauschhandel redete, steckte sie schließlich ihren Vater mit der Idee an. Unglückliche haben immer offene Arme, klammern sich bereitwillig an jedes Trugbild. Die Hoffnung ist erfinderisch und abergläubisch: »Schau, mein Herzenskind, ich will dir den Gefallen tun.... ich werde den armen Kindern helfen... und wenn ich ihnen viel Gutes tue, dann wirst du gesund...«

So begann seine Laufbahn als mildtätiger Helfer: Täglich fand er in den unerschöpflichen Minen des Elendsberges neue Stollen, die es zu erforschen galt, und bei jedem Fund träumte er schon davon, die Heilung für seine kranke Tochter dort zu entdecken. Er stieg in die Dachkammern hinauf, hatte den vollen Beutel bei sich und den Arzt schon verständigt; zu später Nachtstunde brachte er auf den Armen Straßenkinder heim, die er steifgefroren und halbverhungert auf einer Parkbank oder einer Türschwelle schlafend gefunden hatte, und dann genoß er den Augenblick, wenn das Kind erwachte und sich vor dem köstlichen Abendessen und der Aussicht auf ein weiches Bett wie im Märchen vorkam; er rettete Mädchen vor dem Abgrund, die noch nicht wußten, was Sünde war, und brachte sie in Wohlfahrtsheime, wo sie zu redlicher Arbeit erzogen wurden; er zahlte Ammen für verlassene Säuglinge, ließ einen ganzen Bach Lebertran für rachitische Kinder fließen, und im Sommer schickte er blutarme Arbeiterkinder zur Erholung ans Meer.... Jesusa wußte von allen diesen Werken der Barmherzigkeit, aber sie schüttelte nur immer traurig das bleiche Köpfchen und schloß voller Schmerz ihre ermatteten Veilchenaugen. Das war alles noch nicht genug; Gott gab sich damit nicht zufrieden.

Ohne Zweifel verlangte er ein größeres Opfer... Beweis für die Fruchtlosigkeit des Bemühens war die dauernde Verschlechterung ihres Zustands: sie litt immer noch mehr, das Fieber hatte sie dermaßen ausgezehrt, daß ihre brennend heiße Haut an den Knochen klebte, und bei ihren Krankheitsschüben, die in immer kürzeren Abständen folgten, kam es ihr das einemal vor, ihr Leib glühe vor Hitze, das anderemal, ihr Herz erstarre zu Eis und höre bald auf zu schlagen. Würden denn diese Höllenqualen ewig dauern? Hatte denn Gott überhaupt kein Erbarmen? Warum heilte er sie nicht ganz plötzlich, damit sie fröhlich und stark aufstehen und glücklich und voller Lebensfreude lachen und herumspringen konnte wie ein lustiger Vogel?

Der Heilige Abend kam heran, Jesusas Geburtstag. An diesem Tag überschütteten sie ihre Eltern immer mit Geschenken, dachten sich alle möglichen ausgefallenen Freuden aus und hatten selbst ihr Ergötzen daran, wenn es ihnen gelang, das Unmögliche möglich zu machen. Jedes Jahr bauten sie die Weihnachtskrippe mit neuen und immer noch schöneren und feineren Figuren auf und gestalteten die Landschaft immer noch reicher und kunstvoller. Aber in diesem Jahr fand die Mutter, die Kranke habe sicher alle die Hirten und Schafe und Kamele satt, und sie beschloß, einfach ein schönes Jesuskind in Lebensgröße, ein Juwel der Bildhauerkunst, in eine Krippe auf ein Bündel Stroh zu legen. Das schlichte Bildwerk sprach das niedergeschlagene Mädchen an. Wie ein Menschenkind lag es da, nackt und bloß. Und als Jesusa es ansah und bei sich dachte, es friere wohl sehr, da glaubte sie auf einmal zu wissen, warum Gott sie nicht gesund machte... Es genügte nicht, andern Kindern Almosen zu geben und Hilfe zu bringen; man mußte »werden wie sie«, man mußte ihr Leben auf sich nehmen, sich in ihre Armut und Not versetzen, Jesus nachfolgen, der auf ein paar Brettern im Stroh lag... Ganz erregt rief Jesusa nach ihrer Mutter und bat sie zitternd vor Sehnsucht und Begeisterung: »Mama, tu um Gottes willen, was ich dich bitte... und du wirst sehen, daß ich gesund werde... Bette mich hin wie ein armes Kind... Wirf Stroh auf den Boden, und lege mich darauf... Decke mich nicht zu... laß mich frieren...«

Die Mutter sträubte sich und bebte vor Angst beim Gedanken, ihr Töchterchen auf dem kalten Boden liegen und frieren zu lassen; aber trotzdem nahm der absonderliche Wahn auch von ihr Besitz. Wer weiß? Wer weiß?... Der Flügelschlag der Chimäre bewegte geheimnisvoll die Luft um sie herum... Sie schickte die Dienstboten weg, schaute, daß niemand hereinkam... hob das leichte Gewicht der Kranken auf und legte Jesusa auf das Stroh in die Krippe neben das lächelnd segnende Christkind. Das Mädchen öffnete die Augen, schaute das göttliche Kind sehnsuchtsvoll an und

schloß sie dann langsam wieder. Ihr eingefallenes verkrampftes Gesicht heiterte sich auf einmal auf, ihre Stirn glättete sich, und ihre Wangen leuchteten selig; ein schwacher Seufzer entwich ihren blauen Lippen... Die Mutter beugte sich entsetzt über sie, rief sie beim Namen, faßte sie an... Sie antwortete nicht; der Wunschtraum hatte sich erfüllt; die Schmerzen hatten aufgehört; Jesusa würde nie mehr leiden.

Emilia Pardo Bazán

Die Heilige Nacht des Spielers

Die Spielsucht beherrschte mich. Wenn ich sage Spielsucht, so muß ich beifügen, daß sie mir nicht als solche vorkam, und ich verstand auch nicht, daß das Gesetz sie unterdrücken durfte, ohne gegen das selbstverständliche Recht des Menschen zu verstoßen, Hab und Gut zu verlieren, wie auch, es zu erwerben. »Sein Eigentum darf jeder gebrauchen und mißbrauchen, wie er will«, wiederholte ich immer wieder verächtlich und lachte über die wohlmeinenden Ratschläge ängstlicher Freunde.

Trotz meiner Geringschätzung der allgemeinen Meinung versuchte ich mit allen Mitteln, zu Hause meine unbändige Leidenschaft zu verheimlichen. Ich hatte, bis über die Ohren verliebt, ein reizendes Mädchen mit Namen Ventura geheiratet, und noch enger war unsere Verbindung durch das süße Pfand eines Kindes geworden, das jetzt noch zu klein war, selbst zu mir zu kommen, wenn ich es rief. Um meiner Gattin Angst und Bangigkeit zu ersparen, verbarg ich meine Spiellust wie ein Verbrechen und wählte geschickt die Stunde aus, sie zu befriedigen. Ich wandte die gleichen Vorsichtsmaßnahmen an, wie wenn ich neben meiner Frau eine Geliebte hätte, um ins Kasino zu gehen oder sonst an einen Ort, wo es beim Umdrehen einer Karte um ganze Hände voll Gold oder um noch mehr geht. Ich erfand alle möglichen Ausreden – Börsengeschäfte, Verhandlungen mit politischen Gesinnungsfreunden, Krankenbesuche, unumgängliche Einladungen –, um meine häufige Abwesenheit zu rechtfertigen und meine Erregung, mein schlechtes Aussehen, meine Schlaflosigkeit, die plötzliche Freude und ebenso plötzliche Niedergeschlagenheit zu erklären, denn meine Nerven waren durch die stärkste und vielleicht abgründigste aller Leidenschaften zerrüttet, die ein Mensch haben kann.

Seit geraumer Zeit besaß ich nur, was das Spiel mir einbrachte. Besitzer eines ansehnlichen Vermögens, hatte ich meine Landgüter nach und nach veräußert, um meine Verluste zu decken. Dann war mir das Glück ziemlich lange hold, aber ich legte die Gewinne in leicht verkäuflichen Wertpapieren an, und diese waren durch Rückschläge der jüngsten Zeit bereits wieder ziemlich zusammengeschmolzen. Nichts von alledem merkte meine Ventura, denn wie fast alle Frauen nahm sie das Geld aus der Hand ihres Ehemannes entgegen, ohne nach seiner Herkunft zu fragen. Meiner Liebe sicher lebte sie sorglos und glücklich in ihrem Heim dahin, und sie kam gar nie auf den Gedanken, erfahren zu wollen, wie es um unsere Vermögensverhältnisse stand, und vielleicht wünschte sie nicht einmal, darüber Bescheid zu wissen. Wenn es mir gutging, schenkte ich ihr kostbaren Schmuck und kaufte ihr schöne Kleider; wenn es mir schlechtging, genügte mein Hinweis, und sie schränkte in wortlosem Einverständnis ihre Ausgaben ein und schob die Zahlungen auf. Meine Gattin also verursachte mir keinerlei Kopfzerbrechen, und sie von der richtigen Spur abzulenken, schien mir kinderleicht, hingegen flößte mir jemand anderes aus ihrer Familie unbegreiflichen Argwohn ein.

Dieser Jemand war Venturas ältester Bruder, mein Schwager Bernardo, ein Mann von wachem und scharfem Verstand und heißblütigem Wesen, der aus mir unbekanntem Kummer oder aus schmerzlichen Enttäuschungen die kirchliche Laufbahn eingeschlagen hatte. Bernardo übte sein Amt mit Feuereifer aus, sein Opferdurst verzehrte ihn, mergelte seinen Körper aus, und eine unheimliche Flamme flackerte stets in seinen blauen Augen. Wenn er sie auf mich heftete, sprach Mißtrauen und Härte daraus. Sicher spürte der uneigennützige Heilige, der dafür lebte, das Gute zu tun, die entfesselte egoistische Leidenschaft in meinen schwarzblau umränderten Augen und in meiner zitternden Hand, die ich ihm zum Gruß entgegenhielt. Ich fühlte mich unbehaglich und mißmutig in seiner Gegenwart wie jemand, der sich in schmutzigen Kleidern auf einem belebten Spazierweg dem Sonnenlicht aussetzen muß. Bernardo wohnte nicht in Madrid; er war immer voll beschäftigt mit gemeinnützigen Aufgaben – er gründete Heime und wohltätige Vereinigungen – und kam deshalb nur zweimal im Jahr zu uns auf Besuch: an Ostern und an Weihnachten.

Dieses Fest stand eben bevor, als das Spielglück, das mir schon eine Zeitlang nicht günstig gesinnt war, sich zornig von mir abwandte. Die Pechsträhne war so beständig und so grausam, daß sich alle meine Hoffnungen zerschlugen. Meine ausgeklügelten Tricks mißlangen, meine gewohnte Geschicklichkeit versagte, mein Spürsinn trog mich, und jede Spielkarte, die ich berührte, bedeutete Unglück. Verbissen darauf, das Verlorene wettzumachen, stürzte ich mich mit blindwütiger Gier ins Spiel und erschöpfte meine Mittel, um das Schicksal zu zwingen. Die Ahnung, daß das Verhängnis bald über mich hereinbrechen würde, verdoppelte meine Verzweiflungskräfte. Schon hatte ich auf mein

Ehrenwort eine erkleckliche Summe geborgt und suchte nun einen Geldverleiher auf – den schlimmsten und schamlosesten Wucherer –, warf mich in seine Klauen wie jemand, der die Augen schließt und sich in den Abgrund stürzt, unterschrieb, ohne zu zögern, alles, was er wollte, und setzte sogar meine Ehre aufs Spiel, nur um sofort in den Besitz der Geldsumme zu kommen, die ich brauchte, um meine Schulden im Kasino zu begleichen und den Handstreich meines Lebens zu versuchen. Ich war entschlossen, den Tag nicht zu erleben, an dem ich Ventura gestehen mußte, daß uns die Armut und die Schande obendrein bevorstünden. Allerdings war ich schon manchmal versucht gewesen, zu ihr zu sagen: »Stelle dir vor, ich wäre Kaufmann und käme heim: Ich bin bankrott; wir müssen uns damit abfinden und arbeiten!« Sogleich aber war mir klar, daß es unmöglich, ja unsinnig war, die Folgen meiner Verstrickung als »Bankrott« zu bezeichnen. Wenn ich meiner Frau zu Füßen fiel und ihr die Wahrheit gestand, so mußte ich sie um Verzeihung anflehen wie einer, der seine Pflichten versäumt. Nein, lieber vorher sterben! Sterben schien mir überhaupt die einzige Lösung in diesem schrecklichen Zwiespalt. In solchen Augenblicken wurde mir sonnenklar, daß der Tod das natürliche und folgerichtige Ergebnis meiner Lebensauffassung war und daß das Recht auf das Spielen soviel wie Selbstmord bedeutete: Beides war ein und dasselbe... »Brauchen und mißbrauchen...«, und dann furchtlos in den Tod gehen.

Mit solchen Gedanken kam ich am 24. Dezember nach Hause; in der Tasche hatte ich das Geld, das ich vom Wucherer bekommen hatte. Kaum war ich im Vorraum, spürte ich mich schon am Hals und an den

Beinen umarmt. Die eine Umarmung war die meiner Frau und Geliebten, die in stürmischer Liebkosung ihr Gesicht an meines drückte; die andere... Wer anders kann unterhalb der Knie umarmen außer dem Kind, dem Püppchen, das sich bei seinen Gehversuchen noch irgendwo festhalten muß, um nicht vornüber zu fallen?

Ich spürte einen Riß im Herzen, spürte, daß mir die Tränen in die Augen schossen, und um sie zu verbergen, riß ich mich unvermittelt los und fragte: »Was ist denn los? Was soll das bedeuten?«

»Bernardo ist da«, antwortete Ventura verwundert über meine Barschheit.

»Onkel Nado«, plapperte die Kleine nach und jauchzte laut heraus.

»So nimm«, sagte ich und drückte Ventura ein Bündel Banknoten in die Hand, »sorge für ein Abendessen, aber ein feines, so wie ich es gern habe... doch jetzt laß mich bitte allein; ich möchte ein wenig ausruhen, ich habe Kopfweh, ich hoffe, daß es bis zum Abend besser wird und ich mit Bernardo plaudern kann.«

Ventura gehorchte, und ich schloß mich ein, um so etwas wie ein Testament und einen Abschiedsbrief zu schreiben. Meine Zähne klapperten; mein Schriftstück war fertig, ich untersuchte meine Pistolen, lud sie, legte mich auf das Sofa und rauchte eine Zigarette nach der andern, bis Ventura freudig erregt hereinkam und mich liebevoll zum Essen bat. Es war noch früh, denn das Kind sollte an einem solchen Abend am Tisch nicht fehlen, und seine Mutter wollte es nicht bis in alle Nacht wachhalten. Wir gingen zusammen ins Eßzimmer, wo rosarote Kerzen brannten und das Silberbesteck und die Kristallgläser auf dem blütenweißen Tischtuch festlich funkelten.

Die Mandelsuppe dampfte einladend und verströmte himmlischen Duft; seltene Früchte türmten sich in der Mitte des Tisches auf, und der Wandspiegel mit den späten Rosen zu beiden Seiten warf das köstliche Bild zurück; in den Gläsern funkelte schon golden der Sauternes, und meine festlich gekleidete und herausgeputzte Frau mit ihrem dunklen Lockenhaar und den geröteten Wangen trat lächelnd auf mich zu und flüsterte mir mit schmeichelnder Stimme ins Ohr: »Willst du unsern Gast nicht begrüßen? Hier steht er.«

Ich umarmte Bernardo, und wir setzten uns zu Tisch. Anfänglich erheiterte das kindliche Geplapper das Essen, und Ventura wollte mich kokett dazu bringen, ihre Frisur zu loben, und war so entschlossen, mich für sich zu gewinnen, daß sie sogar ihr zierliches Füßchen auf meinen Schuh stellte. Trotz allem floß das Gespräch träge und stockend; es war nicht schwer zu erraten, daß Bernardo und ich nachdenklich waren. Auf die besorgten Fragen meiner Frau schützte ich Müdigkeit und Unwohlsein vor, aber Bernardo mit seinen blitzenden blauen Augen erklärte rundheraus: »Deinem Mann mag fehlen, was will, und er wird uns nicht erzählen wollen, warum er dasitzt wie ein Angeklagter, dem man eben das Urteil verkündet hat; ich hingegen... ich bin in solcher Verfassung, weil ich mich schäme, ein solches Festessen vor mir zu haben mit Salm und Austern und Hummer und alten Weinen, und kann nicht einmal einigen armen Familien, wenn nicht solch lukullische Speisen, so doch zumindest das tägliche Brot das Jahr über bieten und Kleider, um ihre Blöße zu bedecken. Der Apostel lehrt, die Christen sollen sich nicht einschließen, um köstliche Speisen zu genießen. Wir sättigen uns hier mit einem reichen Essen und werden nun gleich mit Champagner anstoßen – ich weiß das von früheren Jahren her gluck, gluck, gluck! während die Armen... Ich kann dem nicht abhelfen, und ihr könnt es auch nicht; aber da ist ein Winkel in meiner Seele, wo bittere Tränen quellen. Was kann man da tun! Ich weiß keine Abhilfe!«

Wie der Priester so sprach, schoß mir wie ein Blitzstrahl eine Idee durch den Kopf; es blieb mir keine Zeit zum Überlegen, auch nicht, um die Wirkung meiner Worte auf Bernardo abzuschätzen. Ich stand auf, füllte ein Glas mit dem Champagner, der schon eiskalt in der geschliffenen Kristallkaraffe bereit stand, streckte es Bernardo entgegen und sagte nachdrücklich und bedeutungsvoll: »So stoß mit mir an... oder bete, daß ein Plan gelingen möge, den ich gefaßt habe... Gelingt er nämlich, so ist das Brot für einige Familien gesichert!«

Bernardo griff nach seinem Glas, aber bevor er es hob, heftete er seine durchdringenden Augen auf mich. Mir schien, er durchforsche mein Gehirn, sehe tief in mein Gewissen und lese darin wie in einem offenen Buch.

Plötzlich hob er kurzentschlossen das Glas, hielt es mir entgegen, wir stießen an, und er sprach mit tiefgründig ernster Stimme: »Ich stoße jetzt an... beten werde ich später. Ich wünsche, daß dein Vorhaben gelingt... aber nur ein einziges Mal; hast du verstanden? Nur ein einziges Mal.«

Ich betrachtete den Pakt als geschlossen. In meinem Spieleraberglauben hatte ich schon alles versucht: Zigeunerinnen, Medien, Amulette, kindische Beschwörungen... alles, außer Gott mit dem Köder der Wohltätigkeit zu gewinnen, mit dem Versprechen, die Einnahmen mit dem höchsten Richter zu teilen, damit seine Vorsehung das blinde Geschick mit unsichtbarer Hand lenke. Den Himmel auf meine Seite bringen! Ja, denn auch der Himmel konnte nicht »wollen«, daß ich den letzten und unwiderruflichen Entschluß in die Tat umsetze, den einzigen, der den teuflischen Knoten meines Schicksals lösen konnte...

Sobald das Essen fertig war, stand ich auf, brachte eine Entschuldigung vor, ließ Ventura schlecht gelaunt und Bernardo nachdenklich sitzen und eilte fort zum Spielen, aber diesmal nicht mehr um Geld, sondern um meine Ehre und um mein Leben, das mir in diesem Augenblick verführerisch vorkam und wert, gelebt zu werden neben einer Frau, die mich verliebt umschmeichelte, und einem Kind, das mich mit seinem leuchtenden Engelslächeln um Schutz und Hilfe beim Gehenlernen bat, indem es kurzerhand meine Beine umschlang...

Die Straßen waren von fröhlich lärmenden Menschen, von Tamburingeschelle und Gitarrenakkorden belebt; aus den Häusern drang mattes Licht und verriet das trauliche Beisammensein jener, die ein stilles Fest vorziehen; und ich dachte bei mir, während der Wagen, den ich vor meiner Haustür gemietet hatte, zum Kasino rollte: »Wenn ich verspiele, ist das meine letzte Weihnacht gewesen.«

Wißt ihr, was entfesseltes, unglaubliches, wahnsinniges Glück heißt? Nun, solches hatte ich vom ersten Augenblick an. Es blieben noch Stunden zum Spielen, und da waren die Bollwerke, nämlich die mit den vollen Brieftaschen und den sicheren Krediten. Pausenlos rannte ich gegen sie an; ich erinnere mich nicht an eine ähnliche Glückssträhne; es war, als sähe ich im Gegenlicht die Karten, die aufgedeckt würden, oder als flüstere mir eine unsichtbare Macht ein, worauf ich setzen solle. Als wollte Gott es sich angelegen sein lassen, den Pakt zu erfüllen, steigerte sich mein Glück, kaum hatte es Mitternacht geschlagen.

Als ich wieder nach Hause kam, ging ich zuerst in Bernardos Zimmer. Der Priester war noch auf; sicher hatte er auf mich gewartet. »Geh ruhig ins Bett und schlafe«, sagte ich zu ihm, »morgen bekommst du, was du brauchst, um einigen armen Familien das Brot für das nächste Jahr zu sichern.«

Im ausdrucksvollen Gesicht des Priesters las ich Bestürzung und Sorge. Er wußte genau, woher das Geld stammte, das ich ihm in Erfüllung unseres Pakts anbot, und sein Gewissen kämpfte mit seinem leidenschaftlichen Verlangen, Gutes zu tun, Sorgen zu lindern und Tränen zu trocknen. Von inneren Kämpfen geschüttelt, nahm er mich schwach bei den Händen und, vom Drang zu helfen überwältigt, murmelte er schließlich mit seiner sonst immer so klangvollen Stimme ungewohnt heiser: »Ich nehme es an... Her damit... Nur... denke daran...! Die Bedingung...«

»Heute ist es das letztemal gewesen; mein Ehrenwort!« sagte ich und kam so seiner Bitte zuvor.

Ich weiß nicht, ob ihr mir glaubt, aber seit jener Weihnachtsnacht habe ich nie wieder gespielt. Wohl krampften sich mir am Anfang die Finger zusammen, und der Kopf taumelte mir vor Begier, die bitteren Freuden des Spiels zu kosten; aber allmählich wurde ich ruhiger; das Vergessen gelang mir nie. Ich trieb Handel und baute mir ein Vermögen auf; ich lernte, daß ich es brauchen, aber nicht mißbrauchen darf. Ich weiß, daß ich nur Verwalter bin. Der Eigentümer ist oben im Himmel.

Leopoldo Alas, »Clarín«

Die unselige Nacht für den Teufel

Seine Majestät der Fürst der Unterwelt reiste inkognito: Seine Stirn hatte er von den feurigen Hörnern befreit, die seine Krone sind, den Schwanz hatte er um einen Oberschenkel gewickelt, und so versteckte er unter der Tunika, die ihm als Verkleidung diente, das Kennzeichen seiner teuflischen Macht.

Auf seinem Streifzug über die Erdoberfläche reiste er gerade durch das Römische Reich, auf dessen Größe er vertraute, denn da wurde mit Gewalt und Unterdrükkung seine Weltherrschaft vorbereitet – die ihm zustand, wie die Rechtsanwälte der Unterwelt mit Stammbäumen und einer Art Salischer Gesetze bewiesen.

Luzifer war nun ins römische Judäa gelangt; wie eine Furt hatte er das große Meer überquert, und seine Fußsohlen hatten auf den Wellen dampfende und zischende Spuren hinterlassen. Bei Askalon war er an Land gegangen, hatte sich nach Norden gewandt und war der menschenleeren Wüstenküste entlang zur alten Heimat der Philister und bei Sonnenuntergang nach Arimathia und Lidda gekommen; als aber die Nacht immer kälter und eisiger wurde und die flimmernden Sterne immer heller leuchteten, flößten ihm manche besonders hell glitzernde eine seltsam abergläubische Angst ein; wie ein Vogel, den der wechselnde Wind in eine neue Richtung bläst, oder wie ein Schiff, das der Sturm umbraust, fühlte sich Luzifer nach Osten gestoßen, vielmehr nach Südosten, Richtung Emmaus, und dorthinauf ging er den Lauf eines dünnen Bächleins entlang.

Bei jedem Schritt wurde seine Angst vor der Nacht größer. Es war eine helle, klare Nacht; aber gerade deswegen zitterte der Teufel, denn jeder Stern war ein Auge und ein Zuruf; alle schauten ihn an und verfluchten ihn, priesen Gott mit ihrem Leuchten auf ihre Weise. Dazu spürte der Satan geheimnisvolle Windstöße, übernatürliches Beben; beklommen ahnte er etwas wie verborgene Stimmen und himmlischen Jubel; die Luft, der ganze Himmel erzitterte; das Magnetfeld der Erdkugel war durcheinander geraten; der Teufel glaubte zu ersticken in dieser Atmosphäre, wo sich wie ein Gewitterausbruch in Kürze das Wunder ereignen mußte. Wie die Wolken manchmal tiefer hängen, an den Bergen entlangstreichen und sogar ganz unten in den Tälern das Wasser auflecken, so schien es dem Dämon, der Engelshimmel habe sich in dieser Nacht herabgesenkt und krieche den Erdboden entlang; die Nebelschleier über dem Fluß und die ferne Bläue am Horizont kamen ihm wie Legionen verkleideter Cherubim vor. Er ließ Emmaus hinter sich und, einem Trieb folgend, der stärker war als sein Wille, ging er weiter nach Südosten, ließ Jerusalem, dessen Mauern wie Feuer glühten, links liegen und kam zu einer Gruppe von Hirten, die in der Nacht bei ihrer Herde wachten. Er setzte sich nicht zu ihnen an den wärmenden Holzstoß, sondern versteckte sich im Dunkel, wo der Schein der züngelnden Flammen nicht hinreichte. Doch plötzlich verblaßte das Feuer, als ob der Tag anbreche und die Kraft des Sonnenlichts seine Helle besiege. Die Hirten schauten um sich und meinten, an allen Rändern des Himmels habe sich die Morgenröte gleichzeitig ausgebreitet und berühre sie nun mit ihrer zarten Rosafarbe. Es war nicht die Morgenröte; es waren die Flügel des göttlichen Boten, die vor heiliger Freude zitterten und dadurch die Luft zum Strahlen brachten. Überwältigt fielen die Hirten zu Boden und bedeckten angstvoll das Gesicht mit ihren Händen, während der Teufel Zähne und Krallen in die Erde bohrte wie die Wurzeln eines fluchbeladenen Gewächses.

Des Engels Worte in der Höhe klangen wie zarte Musik aus verborgenen Luftfalten, aber Luzifer vernahm sie nur als verschwommenes Geräusch und verstand nicht, was die himmlische Erscheinung zu den Hirten sagte, nämlich: »Fürchtet euch nicht, denn ich verkünde euch eine große Freude. Heute ist euch in der Stadt Davids der Retter geboren, der ist Christus der Herr. Und dies diene euch als Zeichen: ihr werdet ein Kind finden, das in Windeln gewickelt in einer Krippe liegt.«

Nichts von alledem verstand der Satan im einzelnen, aber er sah, daß seine bangen Ahnungen von vorhin sich zu Tatsachen verdichteten; denn plötzlich erschienen aus den Luftwellen wie aus einem Hinterhalt Legionen von Engeln und immer noch mehr himmlische Heerscharen und stimmten mit ihrem Gesang in den Lobpreis Gottes ein: »Ehre sei Gott in der Höhe und Friede auf Erden allen Menschen guten Willens.«

Doch das alles ging vorbei wie ein Traum; wieder leuchtete das Hirtenfeuer auf der Erde und funkelten die Sterne am Himmel... der Teufel aber knirschte mit den Zähnen. Er dachte an das Paradies, an Adams Sünde, an das Versprechen Gottes: Sein einziger Sohn werde als Mensch geboren! Gott hielt also Wort! Seine unendliche Liebe gab den Sohn der Grausamkeit und Blindheit der Menschen preis.

Luzifer verbarg sich wie in einem Wolkenschatten in seine eigene Finsternis und folgte den Hirten nach, die mit leuchtendem Antlitz ihre Herden verließen und nach Bethlehem aufbrachen.

Sie kamen zur Herberge, wo Josef und Maria Aufnahme gesucht hatten; aber dort sagte man ihnen, das Haus sei voll und das Paar nächtige im ältesten Stall der Herberge. Sie traten ein und sahen das Kind, das in einer Krippe lag.

Solange die Hirten das Jesuskind anbeteten, flog der Teufel voller Neid auf Gottes unendliche Liebe in Gestalt einer Fledermaus ein und aus. Aber da flatterten auch immer mehr Engelchen aus den himmlischen Chören herbei, wie sie Murillo als Modell dienten, und wenn ihre Flügelchen die höllische Fledermaus streiften, erschraken sie und entflohen. Da entfernte sich auch Luzifer von der Wiege des Erlösers und ging hinaus in die einsame Nacht und die trostlose Kälte; ganz in sich versunken vergaß er im Dunkel, sich seiner Fledermausflügel zu entledigen, als er sich wieder in seine gewöhnliche Gestalt zurückverwandelte, und so wuchsen sie mit ihm zu entsprechender Größe heran. Sie sahen aus wie eine steife kantige Pelerine aus widerlichem lebendigem Leder, doch um sich vor der kalten nächtlichen Feuchtigkeit zu schützen, hüllte sich der Dämon unwillkürlich darin ein.

»O Nacht!« dachte der Teufel, »welche Nacht! Nach der verhängnisvollen Niederlage im Engelskampf und nach der ersten Nacht in der Finsternis der Hölle ist das die schrecklichste Nacht meines unsterblichen Lebens.«

Der Neid auf Gottes Barmherzigkeit nagte an seiner

Seele, die auch nach seinem Fall eine Engelsseele geblieben war und auch noch im Bösen, in der Unfähigkeit zum Guten, die ganze Zartheit und Empfindsamkeit ihrer ursprünglichen Engelsbeschaffenheit bewahrt hatte. Der Teufel weiß viel, er weiß, daß das Größte, das Edelste keineswegs die körperliche Schönheit ist, auch nicht die Macht oder der Verstand oder der Reichtum; das Größte ist die Liebe, die selbstlose Hingabe. So beneidete er Gott nicht um seine Macht über die Unendlichkeit des Sternenhimmels, auch nicht um seine Weisheit oder um die Schönheit seiner Werke, die er zum eigenen Ruhm geschaffen hatte. Er beneidete ihn um die unendliche Liebe, mit welcher er seine göttliche Natur den Schmerzen des Fleisches auslieferte und das Wort Mensch werden ließ, damit es mit den Sündern Verbindung aufnehme.

Der prophetische Blick – seine schlimmste Qual – zeigte Luzifer, der noch immer in seine Fledermausflügel gehüllt war, den Schauplatz Welt nach dieser schrecklichen Nacht, welche die Völker die Heilige Nacht nennen: Gott verschaffte sich Zutritt zu den widerspenstigen Seelen! Christus herrschte in Gemeinschaften, die sein Gesetz am entschiedensten abzulehnen schienen! Zuerst nahmen nur ein paar unwissende arme Juden seine Herrschaft an; dann ließen sich die verstreuten Heidenvölker, die eigentlich eher frivol als verdorben waren, von der mystischen Kraft anziehen; dann bekehrte sich die Welt der Barbaren; so würde die Herrschaft des Glaubens, der Hoffnung und der Liebe aufgerichtet; das ideale Friedensreich ohne Schwert. Der Dämon lächelte mit bitterer Befriedigung, denn er malte sich aus, wie es weitergehen würde: Da wurde das Zepter zum Kreuz, der Herrscherstab zur Sense, die scharfe Schneide brachte das verirrte Lamm zum Bluten; irdische Macht baute sich auf, das Reich der Rechtgläubigkeit; das päpstliche Reich wurde zur Weltmacht, die blinde Gewalt glaubte sich christlich; das Kreuz diente den kaiserlichen Erlassen als Rückendekkung; staatliche Schmähschriften klebten am heiligen Holz; wo einmal das INRI stand, wurden Todesurteile angenagelt. Der Teufel lächelte, aber nicht ganz froh, denn er sah sehr wohl, daß das nur kurze Zeit dauern würde... kurze Zeit im Vergleich zur Vielzahl kommender Jahrhunderte... Wiederum ein geistiges Reich...! Neugeburt der flüchtigen Glanzzeit im dreizehnten Jahrhundert mit dem »Neuen Evangelium«; die zivilisierte Welt mit ihren vielfältigen Lebensformen und der Stoßkraft ihrer Kultur breitete sich in allen Gegenden aus und verschmolz sie zu einer brüderlichen Gemeinschaft, der man den Namen »Weltbündnis« oder »Dritten Orden« geben könnte. Franz von Assisi, der ewig Moderne! Dann bekäme der Satz aus dem Evangelium: »Arme werdet ihr immer unter euch haben...«, eine neue Bedeutung, denn er beträfe nun nicht mehr materielles Elend und egoistische Raffgier, sondern die ständige Nachfolge des heiligen Franziskus.

Auch die entferntesten Völker, denen die christliche Zivilisation völlig fremd war, ließen von ihren Göttern und ihren heiligen Büchern ab, um erst das verweltlichte Europa und Nordamerika nachzuahmen, ihre Staatsformen, ihre Bewaffnung, ihre frivolen Gesetze und den politischen Formalismus, ihre Künste und Wissenschaften... und später dann aber auch ihre Umkehr und ihre Besinnung auf den Wesenskern ihrer Kultur, ihren christlichen Urgrund. Alle Völker würden christlich!

Die ganze Welt würde neu und klar den weltlichen Sinn und die große Kraft jener Worte erfassen: »Die Pforten der Hölle werden sie nicht überwältigen...«

»Ja, wahrhaftig!« dachte Luzifer weinend, »groß ist die Idee Gottes! Selbst Mensch zu werden... Im Blut des Sohnes Mensch zu werden... Gottes Sohn sein, in einer Krippe geboren werden, alles Volk lehren: ›Vater unser, der du bist im Himmel... unser tägliches Brot gib uns heute... Dein Wille geschehe...‹ Alle sind wir Brüder; Gott unser aller Vater; verzeiht das Unrecht; schenkt alles den Armen und folgt mir nach... Das Kreuz auf sich nehmen... und am Kreuz sterben... allen verzeihend... Unvergeßlich! Unvergeßlich!«

»Ich hingegen«, dachte Luzifer weiter, »...ich... werde allmählich alt, in Bälde wird mir jeder Tag wie ein Jahrhundert vorkommen; in meinen Greisenjahren wird man mir die Achtung versagen, ich werde ein Mummelgreis – bar jeglicher Würde; der Pöbel wird mich verspotten, die Kinder werden mich verfolgen; nie werde ich ein verehrter Patriarch und Volksführer sein; später werde ich noch weniger sein: eine Abstraktion, ein Gespenst, ein rhetorischer Gemeinplatz, gut für Redewendungen und Sprichwörter... Ach! ich teile mich der Welt nicht mit; wenn ich erscheine, lege ich mein teuflisches Wesen und meine unverletzliche Geistgestalt nie ab; ich habe Angst, Fleisch zu werden, das die Menschen mißhandeln können... Mein Egoismus ist steril, unfähig zur Fortpflanzung... Ich bin nicht das Wort, ich habe keinen Sohn... Ich werde überflüssig und sehe mich schon verfemt und gelähmt in einem Winkel der Hölle hocken, außerstande, mich der Welt zu zeigen... Kein Sohn wird an meiner Stelle herrschen; der Fürst der Hölle hat keinen Erben...!«

Da Luzifer immer noch ferne weihnachtliche Freude im All spürte und sah, wie sich die Sterne ihre Mitwisserschaft am erhabenen Geheimnis zuzwinkerten, als wollten sie damit zueinander sagen: »Seht, was geschehen ist! Dort unten, irgendwo am Rande der Milchstraße... ist Gott geboren!«, da die Engel immer noch in Scharen über Bethlehem schwebten und der Himmel immer noch als göttlicher Wolkenschleier wie Bodennebel auf der Erde lag und die Grenzen zwischen Empyreum und Judäa verwischte, so zerfraß der Neid die unsterblichen Eingeweide des Höllengeistes, er raffte sich auf, nahm seine letzten Kräfte zusammen, versuchte mit größter Anstrengung, seinen Egoismus zu besiegen, und sagte zu sich: »Ich will auch Fleisch werden! Ich will auch einen Sohn haben! Ich will auch meine Heilige Nacht haben...!«

»Aber mit wem den Sohn des Dämons zeugen? Auf welche Weise das Böse in menschlicher Gestalt verewigen, so daß es auf der Erde fortleben kann und aus meiner Natur ein lebendiges, greifbares, unvergängliches, unvergeßliches Geschöpf erwächst?« Er breitete seine Fledermausflügel aus, die nun so riesig waren, daß sie bis zum Horizont reichten und die Sterne verdeckten; die Nacht wurde pechschwarz. Mit Donnerstimme verkündete der Satan sein Begehren der Finsternis; er lud die Nacht zur höllischen Begattung ein, aus welcher der Satansmensch, das Teufelsgeschlecht, geboren werden sollte.

Aber mit seiner prophetischen Gabe sah der Unglückselige voraus, daß alle seine Bemühungen umsonst waren, daß das Begehren seiner teuflischen Liebe immer scheitern würde, daß alle seine Versuche zur verfluchten Vaterschaft mit Fehlgeburten enden müßten. Ein furchtbares Geschick! Noch bevor er zu seinem unmöglichen Triumph etwas unternahm, war er bereits der unvermeidlichen Enttäuschung gewiß. Er sah seine Söhne tot, noch bevor er sie zeugte!

Er sah, seine Kinder der Nacht waren die Angst, der Aberglaube, der sich aus Blindheit für den wahren Glauben hält; geboren wurden Gefühlsirrtum, leidenschaftlicher, also falscher Wissensdurst, hohle Rechthaberei, sinnlose Hypothesen, scheinheilige Demut, welche Vernunft und Rechtschaffenheit den Machthabern ausliefert und das Gewissen zum Sklaven des unbewußten Hochmuts macht. Aber diese Kinder waren bleiche, in kalten dunklen Höhlen geborene Gestalten und siechten dahin wie eine Mikrobenrasse, welche im Sonnenlicht allmählich abstirbt.

Luzifer versuchte nun, da er es mit Gott nicht aufnehmen konnte, wenigstens Jupiter nachzueifern: Er nahm tausenderlei Gestalten an, um alle die Europas, Ledas und Alkmenes zu verführen: Mit Huren und Kurtisanen, mit verdorbenen Vestalinnen und lasterhaften Königinnen zeugte er Bastarde, die aber nicht lange lebten; alle waren bleichsüchtige, schwächliche Krüppel. Seine Kebsweiber waren die Zweifelsucht und die Narrheit, die Tyrannei, Heuchelei, Unduldsamkeit, Eitelkeit; und ihre Kinder hießen Pessimismus, Stolz, Schrecken, Sturheit. Sie lebten in ständiger unersättlicher Gier, verschlangen alles Gute auf der Welt, zermalmten es in ihren Mäulern, und übrig blieb die Verwüstung; aber umsonst: Auch sie starben nach und nach alle... Sogar an den Pforten der Kirche suchte der Teufel seine Buhlerinnen; doch weder die Inquisition, noch die Unwissenheit, noch die absolute Monarchie, noch die Pseudoscholastik gaben ihm den unsterblichen Sohn, den er sich wünschte, denn sie alle gingen unter. Endlich glaubte er, mit der Zivilisation gezeugt zu haben, was er beabsichtigte, denn er überraschte sie im Schlaf; aus dieser unfreiwilligen Verbindung wurde der genußsüchtige, frivole, egoistische Materialismus geboren... doch die ehelichen Kinder der keuschen Mutter überwanden ihn, und die Welt fand eben dann zu Jesus zurück, als die Stunde des Teufels gekommen schien.

Unglückseliger Vater! Nach Hunderten und Aberhunderten von Jahren beständigen Bemühens, Nachkommen zu zeugen, schließlich von lauter Schatten umgeben zu sein, sich an eine endlose Zahl von Abkömmlingen erinnern zu müssen, die verschwanden und wegstarben und um die er vor Altersschwäche nur trauern konnte. Dieses qualvolle Zukunftsbild schaute Luzifer in der finsteren Nacht, in deren Schoß er seinen ersten Sohn zeugen wollte, der nur zum Sterben auf die Welt kam. Er, der Unsterbliche, konnte seine Unsterblichkeit nicht weitergeben... Jedes Jahr zeugte er einen Sohn, jedes Jahr beweinte er einen Toten...

Alle Jahre wieder in der Heiligen Nacht wurde Jesus geboren, und die Hirten sahen, wie Marias reine Hände ihn in Windeln wickelten und in eine Krippe legten...

Zur selben Stunde begrub der Teufel jedesmal einsam und allein in den Abgründen der Finsternis seinen in der Nachtkälte erfrorenen Sohn, und dessen Schweißtuch war der Schnee aus den eiskalten Küssen des fluchbeladenen Vaters, der nicht lieben kann; und da er ohne Liebe, ohne Hingabe, ohne Opferbereitschaft zeugt, darum zeugt er nur für den ewigen Tod.

Emilia Pardo Bazán

Zu Weihnachten

Diese Geschichte spielt im 16. Jahrhundert in einer italienischen Stadt, die von einem Tyrannen beherrscht wurde. Nennen wir die Stadt, wenn ihr wollt, einmal Montenero und ihren Tyrannen Orso Amadei.

Orso war ein Mann seiner Zeit: gewalttätig, ruchlos, heimtückisch in seinem Groll, grausam in seiner Rache, aber auch mutig in der Schlacht, großartig in seiner Freigebigkeit und mit erlesenem Geschmack allen Künsten zugetan. Wie die Medici feierte er in seinem Palast Maler und Dichter und empfing in seinen Privatgemächern alle berüchtigten Alchimisten seiner Zeit, die zwar kein Gold herstellen konnten, aber immerhin wirksame Gifte zu mischen verstanden.

Wenn Orso sich von einem Edelmann belästigt fühlte, so zog er ihn ins Vertrauen, schwor ihm Freundschaft, teilte mit ihm die Hostie bei der heiligen Kommunion – oh, welche Gotteslästerung! –, lud ihn an seinen Tisch..., und mitten im Bankett erhob sich dann der Gast mit verdrehten Augen und schäumendem Mund und fiel schmerzverkrümmt zu Boden... worauf der Hausherr ihm mit heuchlerischem Eifer den Puls fühlte, um sich zu vergewissern, daß die Todeskälte bereits durch seine Adern rann.

Mit gewöhnlichen Sterblichen machte Orso nicht so viel Aufhebens: Er ließ sie zu Tode prügeln oder in irgendeinem Verlies verhungern.

Orso war schon zweimal verwitwet. Seine erste Frau

hatte er mit einem Dolchstoß ins Jenseits befördert aus Eifersucht; seine zweite, die einzige, die er geliebt hatte, brachte Landolfo dei Fiori um, der Bruder der ersten. Diese hatte ihm keine Kinder hinterlassen, die zweite ein Mädchen und zwei Knaben. Die beiden Söhne waren in einem undurchsichtigen Waffengang ums Leben gekommen – vielleicht ein Hinterhalt, den Landolfo selbst ausgeklügelt hatte –, und es blieb einzig die Tochter Lucia, die fluchbeladene Familie Amadei fortzusetzen.

Der Vater hielt bereits Ausschau nach einem Bräutigam für sie, als sie ihm erklärte, sie wolle den Schleier nehmen. Orso war tief betrübt, denn auf seine Weise liebte und verehrte er diesen letzten Sproß seines Geschlechts. Aber da war nichts zu machen; Lucia setzte ihren Willen durch und trat in das Dominikanerinnenkloster ein, wo unter dem Namen Eufrosina jene Katharina gelebt hatte, welche die Welt heute als Katharina von Siena verehrt.

Angesichts ihrer zarten Jugend, ihrer reinen Schönheit und ihrer vornehmen Abkunft war die Verwunderung über den Entschluß der Tyrannentochter besonders groß, denn in einer verweltlichten Zeit wollte sie ein hartes Büßerleben auf sich nehmen wie in früheren, gläubigeren Jahrhunderten.

Ihre Nahrung war eine Handvoll gekochtes Gras, ihr Bett zwei grobe Säcke ohne Stroh und ihre Kleidung ein Hemd aus rauhem Tuch, das ihre zarte Haut aufschürfte. Wenn sie in den kalten Januarnächten zum Beten aufstand, nachdem sie kaum eine Stunde auf den feuchten Steinfliesen geruht hatte, so schmerzten alle ihre Glieder, vor Schwäche konnte sie sich kaum auf den Knien halten, und die Worte ihres Gebetes verhaspelten sich in ihrem Mund.

Denn schließlich war Lucia eine Tochter der Amadei, und sie war nicht zur Kasteiung und zum Schmerz geboren, sondern um die Freuden des Lebens auszukosten, um sich an den sanften Klängen der Mandolinen zu ergötzen und den wohlgesetzten Versen der Dichter zu lauschen, um den Zauber der Farben und die geheimnisvolle Stille in den Gärten zu genießen, wo die zeitlos schönen griechischen Statuen ihr zulächelten. Nur die Last fremder Schuld und das Verlangen, sie zu sühnen, hatten sie zitternd vor Angst und Schrecken zu den Stufen des Altars getrieben, wo sie aber unwillkürlich Minute für Minute an die Freuden der Welt zurückdachte.

Wie Katharina von Siena wurde auch sie mehr als einmal von garstigen Anfechtungen und trügerischen Gaukelbildern heimgesucht, aber heldenhaft klammerte sie sich ans Kreuz und widerstand; sie weinte, riß Wunden in ihr Fleisch und lernte schließlich den Sieg kennen, der sich als Friede in die Seele senkt. Geheimnisvolle Entrückung und unerklärliche Süße lösten Niedergeschlagenheit und Schwäche ab.

Weihnachten kam heran, der Jahrestag ihrer Gelübde. Der Heilige Abend war von viel Schnee begleitet, aber je dicker das Schweißtuch sich auf den Klostergarten legte, desto wärmer wurde es Lucia in ihrer einsamen Zelle. Durch die bleigefaßten Fensterscheiben hindurch meinte sie in einer merkwürdigen Sinnestäuschung, es fielen statt Schneeflocken Tausende von weißen Lilien, fein wie Flaum von Engelsflügeln, auf die Zweige der Bäume und auf die harte Erde nieder.

Alles war mit Lilienblüten übersät, und vom weißen Garten ging eine Helle aus, die wie Mondstrahlen die

Zelle beschien und lebhafter leuchtete als Silber. Plötzlich erblickte Lucia in sanftes Licht gehüllt ein wunderschönes Kind, ein mild lächelndes Geschöpf, das die Ärmchen ausstreckte, und ganz entrückt schloß es die Nonne in die ihren. »Heute nacht«, sagte liebevoll das Kind, »wollte ich dir eine Gnade gewähren, Lucia, und statt im Stall zur Welt zu kommen, werde ich hier in dieser Zelle geboren, wo du mich so oft im Gebet angerufen hast.«

Lucia war eine Weile ganz benommen, die Gnade war unaussprechlich groß, und in ihrer Demut fühlte sie sich ihrer nicht würdig. Kaum vermochte sie sich zu fassen, faltete dann aber doch die Hände und kniete betend vor dem Kind nieder: »Wenn du willst, daß deine Dienerin glücklich sei, o Kind meiner Seele... so gewähre mir eine Bitte. Ach! es ist eine große Bitte, und schwierig zu erfüllen, aber wenn du das Unmögliche nicht vollbringen kannst, wer sollte es sonst können? Sei meiner Kämpfe, meiner Leiden eingedenk... statt hier zur Welt zu kommen, lasse dich herab, an einem andern düsteren, schrecklichen, wüsten Ort neu geboren zu werden im Herzen meines Vaters Orso Amadei.«

Das Kind streichelte mit seinen Händchen das Gesicht der Büßerin und schaute sie traurig an: »Weißt du, worum du bittest, Lucia? Weißt du, daß das Herz, in dem ich nach deinem Wunsch neu geboren werden soll, härter ist als der Stein, blutiger als das Schafott, moderiger als die Totengruft? Weißt du, daß ich, um dort Eingang zu finden, mit meinem nackten Körper Dornen und Disteln und Giftpflanzen wegräumen und ertragen muß, daß sich Vipern um meinen Hals schlingen und kaltes Gewürm an meinen Beinen hochkriecht? Ich bin den schmachvollsten Tod gestorben, aber als ich auf die Welt kam, suchte ich Güte und Liebe; ich wurde mitten unter einfachen Hirten geboren, nicht unter blutrünstigen Wölfen! Trotz allem, Lucia, da du um mich gerungen hast, kann ich dir nicht verweigern, worum du mich bittest... Heute nacht wird die Bethlehemskrippe das grausame Herz deines Vaters sein!«

Als Lucia das Versprechen des Kindes hörte, durchströmte sie plötzlich überwältigende Wonne. Bewußtlos fiel sie auf die Steinfliesen nieder. Das Licht, die Erscheinung, der Lilienduft, alles war weg, und durch die bleigefaßten Scheiben hindurch sah man nur noch den Schnee, der als weißes Leichentuch den Garten zudeckte.

Zur selben Stunde feierte Orso Amadei in seinem Palast ein großes Fest; eher als Fest sollte man wüstes Gelage sagen. Es war nicht eines der Bankette, wo kluge Gespräche und lustige Geschichten die Stunden verfliegen lassen und wo die Anwesenheit von Damen zur Galanterie verlockt und die Rohheit im Zaum hält. Solche hatte Orso viele gegeben, aber er genoß auch andere, ausschweifendere, an denen seine Hauptleute – eher Bandenführer –, seine Spaßmacher und sonstige Vertraute teilnahmen, lauter verruchte Leute.

Wenn da die eine oder andere Frau dazu kam, so war es ein armes Straßenmädchen, das auf dem Marktplatz aufgegriffen wurde, und nachdem die Gäste ihren Spott mit ihm getrieben hatten, ließ man es tags darauf voller Beulen und blauer Flecken halbtot in irgendeiner Gasse der Stadt einfach liegen. An diesem Abend aber kündete Ridolfi, einer von Orsos Hauptleuten, eine bessere Beute an: Er hatte sich nämlich soeben ein sehr schönes

Mädchen auf der Straße geschnappt – ihre Schuld, wenn sie zu so später Stunde noch unterwegs war! Die Saufbrüder grölten, Orso lachte aus voller Kehle, befahl, das Mädchen hereinzubringen; von Soldaten wurde sie in den Saal gestoßen, sie zitterte und bebte, und ihr blondes Haar war ganz zerzaust. Bei ihrem Anblick plusterten sich die Männer auf, denn sie war tatsächlich über die Maßen schön.

Begehrlich heftete Orso seine Augen auf sie, griff nach ihr und strich ihr mit der Hand die Goldlocken aus dem Gesicht... erstaunt wich er zurück; in dem Mädchen, das hilflos vor ihm stand und erwartete, mißbraucht zu werden, erblickte er seine Tochter Lucia, die gleichen Gesichtszüge, die gleiche Stirn, die gleiche Schamröte auf den Wangen. »Laßt diese Frau in Ruhe!« schrie Orso, »man bringe ihr den allergrößten Respekt entgegen und begleite sie nach Hause! Wehe, wer ihr ein Haar krümmt! Ich befehle, daß man mit ihr umgeht, als handle es sich um meine eigene Person!«

Die Saufrunde verstummte und gehorchte verständnislos. Das Fest ging weiter, aber Orso war finster und nachdenklich und leerte sein Glas nicht. Ridolfi wollte ihn aufheitern, gab ein Zeichen, und sogleich wurde ein fast verhungerter Gefangener hereingeführt. Es gehörte zu ihren Festbelustigungen, einen Sträfling, der schon seit Tagen nichts mehr zu essen bekommen hatte, aus dem Verlies zu holen, an ihren Tisch zu setzen und ihm köstliche Speisen anzubieten. Wenn er dann vor Freude jauchzend und schluchzend einen Bissen in den Mund nehmen wollte, rissen sie ihn weg und gossen ihm dafür heißes Wachs von den Fackeln ein, welche ihr Gelage beleuchtete.

Der Gefangene war jung, und Orso reichte ihm

scherzend einen Teller mit dampfendem Braten und ein Glas »Lacrima«-Wein. Aber als er ihn aus der Nähe ansah, stieß er einen Fluch aus. Die Augen, die ihn schmerzlich und vorwurfsvoll aus dem erschöpften Antlitz anschauten, der Mund, der ihm dankte, waren Lucias Augen und Mund; diesen Blick konnte der Vater nicht verkennen, widerspiegelte er doch Liebe und Zuneigung, leuchtete aus der Seele und suchte ein gleiches Leuchten. »Man lasse diesen Gefangenen frei«, befahl Orso, »aber gebt ihm zuerst zu essen, soviel er mag! Schenkt ihm zwei Krüge voll Gold und Wein nach Belieben... Man behandle ihn wie meine Person... Hört ihr? Wie meine Person!«

Brummend vollzog Ridolfi den Befehl. Der Gefangene wurde hinausgeführt, und fast gleichzeitig betrat eine alte Frau mit einem kleinen Kind auf den Armen den Festsaal. »Erbarmen, großer Herr«, rief sie, »habe Erbarmen mit dem kleinen Kind, das du hier siehst. Es ist der Sohn deines Schwagers Landolfo dei Fiori, den du verabscheust. Soldaten wollen den Kleinen an einer Mauer zerschmettern – auf deinen Befehl hin, wie sie behaupten. Einen so grausamen Befehl kannst du nicht erteilt haben, hier bringe ich dir das Kind, es sei deinem Schutz unterstellt.«

Beim verhaßten Namen Landolfo fuhr Orso wutverzerrt auf, riß den Dolch aus der Scheide und wollte ihn dem Kleinen in die Kehle stoßen... aber der Kleine lächelte ihm sanft entgegen, und sein Lächeln war Lucias zauberhaftes, unvergeßliches Kinderlächeln, wenn der Vater sein Töchterchen liebkoste.

Orso war besiegt; er fiel auf die Knie, schlug sich an die Brust und klagte sich mit lauter Stimme seiner Sünden an, denn soeben war Jesus, getreu seinem Versprechen, in der Höllenfinsternis dieses Herzens neu geboren worden.

Am andern Morgen wurde Orso die Nachricht überbracht, daß seine Tochter genau um zwölf Uhr nachts ihre Seele ausgehaucht hatte.

Der Tyrann band sich einen Strick um den Hals, ging barfuß hinaus auf die Straße und bat alle Bewohner der Stadt um Vergebung für seine Verfehlungen. Auf seinen Stock gestützt, entfernte er sich langsam und verließ die Stadt. Niemals hat man wieder von ihm gehört.

José Martínez Ruiz, »Azorín«

Die Vernunft und der Glaube

Also denn, so setzt euch im Halbkreis um das Feuer; mir laßt ihr Platz in der Mitte. Ich bin der Älteste. Man fühlt sich wohl hier in diesem geräumigen sauberen Landhaus, besser als in den Städten, wo der Rummel in diesen Tagen so groß ist. Bringt einen Arm voll dürre harzige Pinienäste! Ihr werdet sehen, wie schnell sich ein angenehmer Duft im Hause verbreitet. Laßt unsern treuen Wachhund nicht herein; da streckt er die Schnauze zwischen den Stühlen hervor; schaut, wie seine Augen leuchten; jetzt wedelt er mit dem Schwanz; er hat gemerkt, daß wir von ihm reden. Die heutige Nacht ist nicht zum Schlafen da; wir vertreiben uns die Zeit bis Mitternacht; ich werde euch eine Geschichte erzählen. Wie hoch die Flammen schießen! Wie sie sich von den schwarzen Steinfliesen dahinter abheben! Soll ich euch eine Geschichte erzählen? Und was soll ich euch erzählen? Ich bitte euch um eine Minute Stillschweigen. Dann kann ich mir überlegen, was ich erzählen will. Schaut mittlerweile den Flammen zu; wie schön züngeln sie; man könnte meinen, sie möchten durch das Kaminrohr entweichen.

In Bethlehem lebte einmal ein junger Mann mit Namen Zaquel. Jeden Abend kamen in Zaquels Haus einige Freunde zusammen. Sie unterhielten sich, plauderten miteinander, spielten auch etwa ein lustiges Spiel. Sie blieben meistens bis Mitternacht beisammen. An einem Abend aber war das Treffen früher zu Ende als gewöhnlich. Die Freunde hatten über Gedichte gesprochen und dazu vom neuen hauseigenen Wein getrunken. Da es zum Schlafen noch zu früh war, hatte Zaquel Lust, noch einen Spaziergang über die Felder zu machen. Er hatte einen ziemlich schweren Kopf, und es war eine wunderbare Nacht. Durch die unermeßliche Tiefe und Weite des Himmels schien ein geheimnisvoller Pulsschlag zu beben. Unter den Abertausenden von Sternen funkelten einige rot, andere grün, andere gelb. Zaquel spazierte langsam und in Gedanken versunken übers Feld. Die Majestät der Nacht, die erhabene Ruhe der Natur, die tiefe Stille aller Dinge überwältigten seine Seele. Zaquel war auch ein wenig Dichter. Er schritt gedankenverloren vor sich hin, als er auf einmal in der Ferne einen hellen Schein wahrnahm. Er ging auf den Ort zu, von dem das Licht ausging, und sah, daß das festliche Leuchten immer strahlender wurde. Es gab keinen Zweifel: Der blendende Glanz ging von einem halbverfallenen Stall in der Nähe eines Dreschplatzes aus. Zaquel konnte sich nicht erklären, wie von den eingestürzten Mauern des Stalls ein solches Strahlen ausgehen konnte. Behutsam trat er näher, ging langsam rundum. Was er dann erblickte, erfüllte ihn mit Staunen.

Im Stall lag in einer Strohkrippe ein Kind. Neben ihm standen seine Eltern. Außerdem sah er dort drei vornehme edle Gestalten, die das Kind anbeteten. Sicher waren es Könige. Zaquel sah es und glaubte es nicht. Er griff sich an die Stirn, rieb sich mit den Händen die Augen, fragte sich selbst, ob er wirklich Zaquel sei oder nicht. Eine gute Weile stand er unbeweglich da, voller Staunen und Verwunderung. Schließlich mußte er ins Dorf zurückkehren; Mitternacht war schon vorbei. Zaquel legte sich schlafen, ohne zu wissen, ob das, was er da gesehen hatte, Wirklichkeit oder Traum gewesen war. Dichter haben manchmal solche Traumgesichter. Auch der Wein, den er am Abend getrunken hatte, konnte zusammen mit der dichterischen Erregung solche Erscheinungen hervorrufen.

Am andern Tag erzählte Zaquel zu Hause, was er gesehen hatte. Erst hatte er lange gezaudert, ob er es erzählen solle oder nicht. Die Familie hörte ihm zu, wie wir jemandem zuhören, der uns etwas Ausgefallenes, Unsinniges erzählt: mit weit offenen Augen und einem schnöden Lächeln in den Mundwinkeln. Sie konnten es nicht glauben. Es war unsinnig, daß drei Könige in einem Stall gewesen waren und ein Kind angebetet hatten! Zaquel beteuerte es immer wieder, und gütig, nachsichtig, um ihn nicht zu enttäuschen, taten sie so, als glaubten sie ihm. Und gerade dieses mitleidige Tun-als-ob brachte Zaquel noch mehr auf. Mit seinen Freunden erging es ihm ebenso. »Aber höre doch, Zaquel«, sagten sie zu ihm, »glaubst du denn wirklich, daß drei Könige um Mitternacht in einen Stall gehen, um ein Kind anzubeten? Wer sollte so etwas glauben!« Zaquel blieb hartnäckig; immer wieder erzählte er das Ereignis in allen Einzelheiten. Die Freunde klopften ihm am Ende auf die Schulter und lachten laut heraus. Im ganzen Dorf sprach sich schließlich das Abenteuer herum. Wenn Zaquel irgendwo stehenblieb, empfing man ihn gleich mit den Worten: »Da kommt Zaquel, der hat drei Könige gesehen, die um Mitternacht in einem Stall ein Kind anbeteten.« Oft kam es vor, daß er durch die Straßen ging und irgendein Schalk unter seinen Freunden ihn fragte: »Und, was ist aus den drei Königen geworden, die das Kind im Stall anbeteten? Hast du wieder einmal von ihnen gehört?« So großes Aufheben machten alle, daß Zaquel am Ende selbst glaubte, er sei einer Sinnestäuschung erlegen. Es war nichts Wirkliches gewesen, was er gesehen hatte. Sein erregter Kopf, der Einfluß des Weins und der Nacht, der tief geheimnisvollen, majestätischen Nachtstimmung, hatten bewirkt, daß er etwas sah, was er gar nicht gesehen hatte.

Die Jahre verstrichen. Von Zeit zu Zeit erinnerte sich Zaquel wieder an das Kind im Stall, an die drei Könige, die es anbeteten, an das geheimnisvolle Licht, in das alles getaucht war, und dann erschauerte er in seinem Innersten. In solchen Augenblicken empfand er unendliche Traurigkeit. Er hatte seine eigene Überzeugung aufgegeben. Er hatte den Mut und die Kraft nicht gehabt, sie aufrechtzuerhalten. Er hatte nicht vermocht, in sich selbst, im Innersten seines Wesens, Wirklichkeit und Traumgesicht auseinanderzuhalten. Und das stürzte ihn in tiefe Verzweiflung. Aber die Jahre vergingen. Die Zeit verwischte den bitteren Geschmack in seinem Bewußtsein. Zaquel fand seine gewohnte heitere Gelassenheit wieder. Die Vernunft gewann die Oberhand. Doch im Verlaufe weiterer Monate, nach einem Jahr, nach zwei, nach vier Jahren peinigten und ängstigten ihn die Gewissensbisse immer wieder neu. Dann machte sich Zaquel jedesmal Vorwürfe. Er fing an, sich selbst zu verachten. So schlimm wurde seine Seelenqual, daß er bei der Erinnerung an jene bedeutungsvolle Nacht allen Lebensmut verlor. In seinem ganzen Menschsein, als Dichter, als Mann, als zivilisierter Mensch, hatte er elendiglich versagt. Es lohnte sich nicht zu leben, um bei einem Ereignis wie dem damaligen dabeizusein und nicht zu vermögen, vor seiner Familie, seinen Freunden, dem ganzen Dorf dafür einzustehen. Nicht einmal vor seinem eigenen Urteil! Und nun verbitterten ihm Gewissensbisse das Leben! Aber wieder fand Zaquel nach einigen Tagen zu seiner Heiterkeit zurück.

Viele Jahre waren vergangen. Eines Abends saß Zaquel in seinem Landhaus am Feuer. Er befand sich in Gesellschaft seiner Angehörigen und einiger Freunde. Es wurde ein bedeutsames Familienfest gefeiert. Eben hatten sie herrlich getafelt. Auch das Gesinde, die Dienstboten, Hirten und Landarbeiter waren zugegen, und alle feierten sie zusammen in familiärer Verbundenheit. Es wurde ein fröhlicher Abend. Man hatte sich Geschichten erzählt, und jeder hatte etwas Spannendes aus seinem Leben zu berichten gewußt. Nur Nasar, ein Hirt, war den ganzen Abend schweigsam dagesessen. Hirten sind stille Leute. Auf ihren Bergen lernen sie an einsamen Tagen – und das sind für sie alle Tage – zu schweigen. Nasar gehörte schon seit seiner Kindheit zum Hausgesinde. »Nun, Nasar«, sagte Zaquel zu ihm, »erzähl uns auch du etwas. Du hast dein ganzes Leben auf den Bergen zugebracht; in den Bergen sind alle Tage gleich. In den Bergen geschieht nie etwas. Du machst jeden Tag dasselbe zur selben Zeit. Hast du nie etwas Außergewöhnliches erlebt?«

Nasar lächelte. Es widerstrebte ihm zu reden. Schließlich sagte er: »Ja, sicher, auf den Bergen sind alle Tage gleich. Es geschieht nie etwas Außergewöhnliches. Ich habe in den Bergen nie etwas Außergewöhnliches erlebt; aber...«

Nasar hielt inne; alle schauten ihn lächelnd an. »Kein Zweifel«, sagte Zaquel, »du hast auch einmal etwas Bedeutsames erlebt. Du läßt so etwas durchblicken.«

»Allerdings habe ich das!« fiel der Hirt ein.

»Da habt ihr es!« neckte Zaquel, »Nasar hat ein Geheimnis und will es nicht verraten. Er hat keine Reisen gemacht wie wir; er hat keine großen Städte gesehen; er ist nicht in der Welt herumgekommen, und trotzdem hat Nasar, unser Hirt, etwas Außergewöhnliches erlebt.«

»Und ich habe es noch keinem Menschen erzählt«, sagte Nasar.

»Und er hat es noch keinem Menschen erzählt«, spöttelte gutmütig Zaquel.

»Nein, Herr, nein«, sagte Nasar, »ich habe es noch niemandem erzählt, und dabei ist es schon mehr als dreißig Jahre her, daß es mir widerfahren ist.«

»Und dabei ist es ihm schon vor mehr als dreißig Jahren widerfahren«, wiederholte Zaquel scherzend, »und er hat es fein säuberlich für sich behalten, damit ja niemand davon erfahre. Jetzt will er es uns erzählen, damit wir alle Bescheid wissen.«

Der Hirt sträubte sich immer noch; man redete ihm liebevoll zu; der Trubel und der Lärm gefiel allen. Endlich fing Nasar an zu erzählen: »Nun, ihr sollt wissen, was mir widerfahren ist... Wie lange mag das her sein? Ich habe es schon gesagt, mehr als dreißig Jahre. Ich war noch ein Kind. Noch nie hat jemand ein Wort von mir dazu vernommen. Aber ich habe oftmals daran gedacht. Und jedesmal, wenn ich einen Kummer hatte und daran dachte, fühlte ich mich erleichtert. Eines Nachts war ich auf freiem Feld; es war Mitternacht. Plötzlich sah ich von einem Stall ein helles Licht ausgehen...«

Als Zaquel diese Worte hörte, erbleichte er. Er spürte eine heftige Beklemmung auf der Brust; er glaubte zu ersticken. Der Hirt fuhr fort: »Ich sah ein helles Licht von einem Stall ausgehen. Ich ging näher. Drinnen lag ein Kind in einer Strohkrippe, und darum herum standen drei Könige und beteten es an...«

Auf einmal wurde Zaquel ganz gelb im Gesicht, er sah aus wie tot, schloß die Augen und fiel schwer zu Boden.

Die Krankheit nahm einen raschen verhängnisvollen Verlauf. Als Zaquel schon im Sterben lag, sah er, daß eine strahlende Gestalt mit einer Dornenkrone und Wunden an den Händen auf sein Lager zuschritt. Die Gestalt trat zu ihm hin und legte ihm sanft die Hand auf die Stirn. Unendliche Süße durchströmte seine Seele.

Emilia Pardo Bazán

Jesus auf der Erde

Ich will euch eine Geschichte von der großen Nacht erzählen, wie ich sie von einem alten Pilger gehört habe; er war auf den Wegen und Pfaden dieser Erde müde und alt geworden und wünschte nur noch, seinen Kopf an einen Stein zu lehnen und in Vergessenheit zu sterben. Wenn die Geschichte ein bißchen düster ist, so schreibt es den vielen schlimmen Erfahrungen und der Erschöpfung dessen zu, der mir dieses Traumgesicht erzählt hat.

Ihr müßt wissen, daß unser Herr Jesus Christus vor noch gar nicht vielen Jahren einmal in einer Weihnachtsnacht beabsichtigte, vom Himmel herabzukommen und über diese Erde zu wandeln, denn wie jedermann weiß, ist es seine höchste Wonne, unter uns Menschenkindern zu weilen. Er erhob sich also von seinem Thron zur Rechten des Vaters, verhüllte die Majestät und Schönheit seiner Gestalt so, daß die Sterblichen nicht davon geblendet würden, ja, daß sie ihnen zeitweise sogar unsichtbar blieb, und stieg zur Erde nieder mit dem Wunsch, Barmherzigkeit, Liebe und brüderlichen Frohsinn zu finden. Die Natur scheint sich mit der Weihe der Nacht zu verbünden: Wie eine Kristallkugel strahlt das Firmament, und die Sterne funkeln wie Gold oder wie lichtgrüne Smaragde und leuchten wie ein liebevoll zärtlicher Blick; es weht kein Lüftchen, es verdichtet sich kein Tröpfchen Feuchtigkeit zu einem Wölkchen, nichts trübt die Erhabenheit der Nachtstunde.

Als Jesus seinen heiligen Fuß auf die weite Eisfläche des Nordpols setzt, erglüht sie plötzlich in flammendem Licht, purpurne und gelbrote Feuerzungen färben den Schnee und entlocken den Eisfeldern diamantenes Glitzern. Aber was kümmert Jesus das zauberhafte Schauspiel? Er sucht Licht und Feuer in den Herzen; ihn locken die Regungen in den Seelen, nicht der Flammenhimmel über fühllosen Felsen in eisigen Steppen.

Jesus schreitet weiter.

Der erste Ort, wo er Menschen antrifft, ist eine steinige Ebene zuhinterst in einem von hohen Bergen abgegrenzten und gekrönten Tal. Dichtgedrängt liegen da Menschen auf dem Boden wie reifes Korn, das die Sense des Schnitters umgemäht hat. Aber die Menschen regen sich nicht, liegen starr und verkrampft da, und auf ihren Gesichtern, die zum freundlich leuchtenden Sternenhimmel emporschauen, in ihren offenen, blicklosen Augen steht immer noch Wut oder Schrekken... trotz des Todes... Denn es sind Leichen, welche die Ebene überdecken, und diese Ebene ist ein Schlachtfeld.

Jesus schaut sie nachdenklich eine Weile an. Die offenen roten Wunden in ihrer Brust sehen aus wie Mäuler, das schwarz geronnene Blut auf ihren zerschlagenen Stirnen wie unheimliche Totenkopfschmetterlinge. Einige der herumliegenden Männer atmen noch; wenn man genau hinhört, nimmt man ihr schwaches Todesröcheln wahr. Eine alte Frau geht tief niedergebeugt über das Feld, hält ihre Hand schützend um ein zittriges Lämpchen und versucht tränenüberströmt, die Gesichter zu sehen: vielleicht sucht sie ihren Sohn unter den Toten. Ein reiterloses Pferd galoppiert vorbei, schnuppert den Schlächtergeruch und sprengt wie von Sinnen davon...

Jesus entfernt sich, geht weiter.

Er kommt in eine volkreiche Stadt. Fröhliche Leute spazieren durch die Straßen und genießen die Milde der frühlingshaften Nacht. In weinseliger Stimmung singen sie mißtönend falsch, und ihre zweideutigen Spottlieder begleiten aufreizende Gitarrenakkorde. Unaufhörlich schellen die Tamburine; Lautenklänge, kreischende Schnarren und quietschende Metallrasseln verhaspeln und verwirren sich in der Luft ineinander wie Hexenbesen auf dem Sabbat. Die Menge ergießt sich durch die Straßen, staut sich vor den vollgestopften, hitzegeschwängerten Kaffeehäusern, manchmal schlüpft eine Gruppe durch die Tür einer stinkenden Spelunke, aus der dann mit den Branntweinschwaden Gepolter, Geschrei und Geschimpfe dringt.

Vor einem dieser üblen Löcher bleibt Jesus stehen. Ganz hinten sieht er an einem Tisch zwei Männer und eine Frau. Sie hetzt beide auf, reizt und umgarnt sie; die Männer trinken ein Glas nach dem andern und langen an zu streiten. Einer wirft dem andern das Glas ins Gesicht, es zerbricht, der Mann springt auf, und ein Gemisch von Blut und Wein rinnt an ihm herunter. Die andern Trinker treten dazwischen, umringen den Gesunden, beschwichtigen den Verletzten, wischen ihm das Gesicht ab, scherzen und reden den beiden Gegnern zu, sich zu versöhnen, fordern sie auf, sich lachend zu umarmen: Der Gesunde streckt ohne Argwohn in aller Herzlichkeit seine Arme aus; der Verletzte läßt seine offene Hand in die Tasche gleiten, ein Messer blitzt auf, und mit einem Stich in der Lunge fällt ein Mann zu Boden.

Jesus wendet sich ab, geht weiter und sieht ein prunkvolles beleuchtetes Portal, das von zwei Säulen aus rotem Marmor mit bronzenen Kapitellen gestützt wird. Er geht die Treppe hinauf; sie ist mit dicken Teppichen belegt, und an den Wänden hängen edle Gobelins mit Schlachten und Jagdszenen. Er tritt in ein geräumiges Vorzimmer, wo Diener in kurzen Beinkleidern und echten mittelalterlichen Ritterharnischen Wache stehen. Vom Vorzimmer gelangt er in einen kleinen Salon ohne Möbel, welcher von Hunderten von elektrischen Glühbirnen beleuchtet ist. Ganz zuhinterst ist unter Schleiern von feinstem Tüll eine zauberhafte Krippe aufgebaut, eine Bethlehemszene für Millionärskinder, eher ein Kunstwerk als ein Zeugnis frommen Glaubens. Hügel und Wiesen sind mit Bimsstein und Moos nachgebildet, und zwischen den Zwergpalmen und den hübschen kleinen Feigenbäumchen schlängeln sich richtige murmelnde Bächlein zu Tal, die wahrscheinlich mit irgendeinem ausgeklügelten hydraulischen Mechanismus zum Fließen gebracht werden. Von den Bimssteinhügeln herab, auf deren Kuppen leuchtendweißer Staub den Schnee darstellt, stürzt der Wasserfall Kedron herab, und aus dem natürlichen Rasen in den Gärten schießen Springbrunnen in die Höhe und zerstäuben in der Luft. Auf der kristallenen Oberfläche eines winzigen Sees spiegeln sich die Türme und Mauern der Stadt Jerusalem, die Kuppeln des Tempels und die Ölbäume des Gartens Gethsemane, die dichtgedrängt den Abhang hinaufwachsen. Alle die tausenderlei malerischen Einzelheiten, die zu einer Krippenszene gehören, sind vorhanden, alle Figuren vollendet gestaltet, lauter hervorragende Schnitzereien, und angefangen von der Gruppe der Hirten, welche ganz verzückt daknien, bis zu den Heiligen Drei Königen, die auf ihren Dromedaren stolz aus einer wilden Schlucht herausreiten, verrät alles die Hand eines begabten Künstlers. Das Wunderbarste ist die Geburtsgrotte: Sie besteht aus winzigen Bergkristallen und Amethysten und blitzt in wechselnden Farben auf, wenn das elektrische Licht aus dem sternförmigen Leuchter, der hoch oben an einer Perlenschnur baumelt, zufällig darauf fällt. In der blendend hellen Grotte stehen das Öchslein und das Eselein – beide aus fein ziseliertem Silber –, und zwischen ihnen wacht die Heilige Jungfrau aus Gold bei ihrem Kind, auch es aus Gold und Email und mit einem Köpfchen aus Perlmutter. Kein Zweifel: Um dieses Juwel florentinischer Goldschmiedekunst aus der Zeit der Renaissance – vielleicht ein Werk von Benvenuto Cellini –, um diese Heilige Familie, wo das kostbare Material mit der vollendeten Ausführung wetteifert, würdig zur Schau zu stellen, wurde die prächtige Bethlehemszene aufgebaut, wo die Wasserfälle stürzen und die Bächlein unter Palmen und Ölbäumen fließen.

Seltsam allerdings war, daß sich niemand, überhaupt niemand in dem Salon befand; niemand bestaunte dieses Wunderwerk, niemand leistete dem Jesuskind aus Gold und Edelsteinen Gesellschaft, damit es in seiner Grotte im violetten Licht der Amethyste und im Widerschein der blitzenden Bergkristalle nicht friere. Und trotzdem, der Palast konnte nicht leer sein, im Gegenteil, er schien voller Leute. Man spürte in der Luft das Beben und den lauen Hauch, wie sie nur vom Atem vieler Menschen stammen konnten, die zu einem Fest zusammengekommen waren. Von weit hinten drang aus einer Galerie manchmal anhaltendes Gemurmel herüber, dann wieder ein Fetzen beschwingter, betörender Musik oder gurgelndes Gelächter. Jesus ging hinüber und befand sich in einem schönen Wintergarten mit mächtigen Gewächsen und Bäumen aus fernen Ländern: Da waren Gummibäume und Abrahamssträucher mit riesigen Blättern, Sagopalmen und Pandane mit geschraubten Stämmen wie Obelisken und Endbüschen wie Pagoden aus grünem Porzellan. An den Tischen, die überall verstreut im Garten standen, tafelten festlich gekleidete fröhliche Gruppen: Die Frauen waren über und über mit Juwelen behängt, die Männer hatten Gardenien an die Aufschläge ihrer granatroten Satinfräcke gesteckt, die aber in der Hitze bereits welk geworden waren. In einem mit blühenden Ranken überwachsenen arabischen Pavillon war ein Streichorchester versteckt und untermalte mit sanften Melodien das gedämpfte Geplauder und angenehm heitere Lachen der Tischgesellschaft, das helle Klingeln der Kristallkelche mit den Champagnerschaumkronen, das leise Tellergeklapper, das die geschickten Diener möglichst zu unterdrücken versuchten. Es war ein verschwenderisch reiches Weihnachtsmahl. Jesus wandte sich ab, ging in den Salon zurück und sah sich wieder ganz klein und allein als Kind in der Krippe im Stall liegen. Über das Parkett mit den schönen Einlegemustern huschten Schritte; eine junge Frau mit blauen Augen in einem weißen, kaum ausgeschnittenen Kleid kam herein, ging geradewegs auf die Krippe zu, schickte ein zartes Lächeln zum Kind hinüber und schaute es lange und liebevoll an. Dann, wie um ihr Entwischen zu verbergen, kehrte sie um und ging hastig in die Galerie zurück, wo sie vielleicht vermißt wurde. Sie war die Tochter des Hauses. Das Christkind aus Gold fror nun weniger, und Jesus hob seine Hand und segnete die junge Frau, die sich als einzige an das Wunder erinnert hatte...

Er verließ den Palast, ohne den Blick zurückzuwenden, er verließ den Ort, die Verderbtheit und den Morast der großen Stadt, wie er das grauenvolle, blutige Schlachtfeld verlassen hatte. Plötzlich wechselte der Wind, Sturm kündete sich an: Dunkle, bleischwere Wolken jagten über den Himmel, eiskalte Böen schüttelten die Bäume, das Meer brüllte fürchterlich, wenn die Wellen gegen die Klippen schlugen. Jesus befand sich in einem Fischerdorf, einem Häufchen armseliger Hütten, die wie Möwennester über der engen Bucht der wilden Küste klebten. Obwohl es schon recht spät war für Leute, die es gewohnt sind, Licht zu sparen, schlief noch niemand im Dorf.

Plötzlich gehen die Türen der Hütten auf, und heraus kommen Männer und Frauen mit brennenden Laternen und langen Stangen, mit Haken, Körben und Säcken und gehen alle miteinander zum Strand hinunter; sie achten weder auf den Sturm, der ihnen ins Gesicht bläst, noch auf den Regen, der nun von Windböen gepeitscht herniederprasselt. Einen überwältigenden Anblick bietet der Ozean: Wellenberge mit weißen Schaumkronen türmen sich auf und legen Abgründe frei, und plötzlich beleuchtet ein schwefelgelber Blitz im Abgrund der Nacht ein Schiff, das ziellos dahintreibt. Die Leute am Ufer heben die Laternen hoch, damit sie ins Meer hinausleuchten, das Schiff glaubt darin die Rettung zu erkennen, den freundlichen Hafen, und steuert auf die Küste zu, fährt auf einem Riff auf und zerschellt.

Die Schiffbrüchigen, die man bei einem neuen Blitz noch angstvoll und verzweifelt auf der Brücke hatte stehen sehen, werfen sich ins Wasser, klammern sich an Bretter, an Taue, klettern auf Fässer, sie kämpfen mit den gewaltigen Wellen, die sie mitreißen und gegen Klippen schleudern, sie schwimmen verzweifelt, um den Strand zu erreichen, wo Lichter geschwenkt werden und Menschen hin und her laufen. Aber dann geschieht etwas Grauenvolles: Die Leute, die am Strand auf die Schiffbrüchigen warten, stoßen die Sterbenden, die sich dem Ufer nähern, mit ihren Stangen und Haken, mit Rudern, Knüppeln und Messern wieder ins Meer zurück, aber vorher haben sie ihnen noch den Beutel am Gürtel abgenommen, in dem sie ihr Gold retten wollten, und die Brieftasche mit den Papieren, die sie angesichts der Gefahr unter den Arm geklemmt hatten, und die Kleider und alles, was sie besaßen. Und für den Fall, daß es zu lange dauere, bis die Wellen sie fortspülten, betäuben sie die Ärmsten mit einem Schlag auf den Kopf und werfen sie bewußtlos ins Meer zurück. Sie tanzen vor Freude, knurren wie Hunde beim Verteilen der Beute und warten am Fuß der Klippen den Morgen ab, um die im Schiff Verbliebenen auszurauben, die das Meer bald an Land spülen würde. Sie nutzen den glücklichen Fischzug aus und feiern nachher bei einem derben üppigen Bankett die Geburt des Herrn...

Der Heiland und Erlöser eilte vom Strand weg, seine Augen füllten sich mit Tränen, und seine Seele war betrübt bis in den Tod wie damals im Garten Gethsemane. Sein Herz brennt vor Nächstenliebe wie nie zuvor, ihn dürstet danach, den Menschen Gutes zu tun, und unsichtbar stechen die spitzen Dornen seiner Krone. Für dieses Volk war er im Stall geboren und am Kreuz gestorben!

Als er in eine der Hütten trat, welche die Fischer verlassen hatten, um am Strand unten auf ihren grausigen Beutezug auszugehen, sah er in einem Winkel beim Feuer ein kleines Kind knien. Als sich der Knabe so allein sah, hatte er Angst bekommen und an der Wärme des Herdes Schutz gesucht, und nun betete er um Hilfe. Jesus schloß ihn in die Arme, küßte ihn, legte ihn ins Bett und strich ihm mit der Hand über die Augen, bis er einschlief und von Engeln träumte.

Als Jesus wieder in den Himmel hinaufgeht, hält er vier Perlen in seiner Hand: die Tränen einer Mutter, die auf dem Schlachtfeld ihren Sohn suchte; den ausgestreckten Arm eines Mannes, der für seine Beleidigung um Verzeihung bittet; das liebevolle Lächeln einer jungen Frau und das Gebet eines unschuldigen Kindes.

Benito Pérez Galdós

Das Öchslein und das Eselein

I.

Die Kleine hatte aufgehört zu stöhnen; sie drehte den Kopf und schaute mit ihren traurigen Augen die Leute fest an, die um ihr Bett herumstanden; sie atmete immer schwächer und hauchte ihr Leben aus. Der Schutzengel seufzte auf, erhob sich in die Luft und flog weg.

Die arme Mutter konnte so viel Unheil gar nicht fassen; doch Celininas liebliches Gesicht wurde gelb und durchsichtig wie Wachs; ihre Glieder wurden kalt und ihr Körper steif wie der einer Puppe. Dann führte man Mutter und Vater und die nächsten Verwandten aus dem Schlafzimmer, zurück blieben ein paar Freundinnen und die Dienstmädchen, um dem armen toten Kind den letzten Liebesdienst zu erweisen.

Sie zogen Celinina ein reiches Batistkleidchen an; das weiße Röckchen war leicht wie eine Wolke und über und über mit Spitzen und Rüschen verziert, so daß es aussah wie weicher Flaum. Weiß waren auch die Schuhe, die sie ihr anzogen; die Sohlen waren kaum angebraucht, ein Zeichen, daß das Mädchen nur wenige Schritte damit getan hatte. Dann flochten sie das bewundernswert schöne kastanienbraune Haar zu anmutigen Zöpfchen und schmückten sie mit blauen Mäschchen. Sie suchten frische Blumen, fanden aber in der ungünstigen Jahreszeit keine; so wählten sie die schönsten Stoffblumen aus und banden aus den Rosen, die den echten im Garten am ähnlichsten sahen, einen entzückenden Kranz.

Ein unangenehmer Mann brachte den Sarg, der kaum größer war als ein Geigenkasten; er war mit blauer Seide überzogen, mit Silberleisten verziert und innen mit weißem Taft ausgekleidet. Sie legten Celinina hinein; ihr Köpfchen ruhte auf einem wunderschönen weichen Kissen, damit ihre Lage nicht unnatürlich wirke, und nachdem sie die Tote sorgfältig eingebettet hatten, falteten sie ihr die Händchen, banden sie mit einer Schleife zusammen und steckten einen Strauß weißer Rosen hinein, die der Künstler so geschickt gemacht hatte, daß sie aussahen wie echte Kinder des Aprils.

Dann deckten die Frauen den Tisch mit einem prächtigen schweren Tuch, richteten ihn wie einen Altar her und stellten den Sarg darauf. Dahinter bauten sie in kurzer Zeit eine Art Baldachin wie in einer Kirche auf; wirkungsvoll rafften sie zu beiden Seiten die wallenden weißen Vorhänge; aus andern Zimmern trugen sie eine Menge Bilder und Statuen herbei, die sie auf dem Altar wie das Grabgeleite für einen toten Engel anordneten. Ohne Zeit zu verlieren zündeten sie ein paar Dutzend Kerzen auf den großen Leuchtern im Raum an, aber die Helle die diese um Celinina herum verbreiteten, wirkte trostlos und befremdlich. Und zum Abschluß ihres frommen Werkes küßten die Frauen eine nach der andern immer wieder die eiskalten Wangen des armen Mädchens.

II.

Aus den hinteren Zimmern des Hauses hörte man Männer und Frauen seufzen und stöhnen. Es war die stumpfe Klage der Eltern, die von der Wahrheit des schönen Spruches von den »Engelchen im Himmel«

nicht zu überzeugen waren, das die Freunde bei solchen Schicksalsschlägen zum Trost bereitzuhalten pflegen. Die Eltern fanden in dieser schweren Stunde, der einzig richtige Aufenthalt für Engelchen sei die Erde. Sie konnten auch der Theorie nicht beipflichten, der Tod eines Erwachsenen sei viel bedauerlicher als der eines Kindes. In ihren tiefen Schmerz mischte sich das Mitgefühl, das der Todeskampf eines Kindes auslöst, und es war ihnen unfaßlich, daß es ein größeres Leid geben könne als das ihre, das ihnen nun das Herz zerriß.

Tausenderlei schmerzliche Bilder und Erinnerungen verwundeten sie und bohrten sich wie spitze Dolche in ihre Seele. Die Mutter hatte ständig noch Celininas reizende Kindersprache im Ohr, die unsere Sprache aufs lustigste verzerrte, aber aus dem Mund des Mädchens als die zarteste Musik klang, die ein Mutterherz rühren kann. Nichts ist bezeichnender für ein Kind als seine Redeweise, seine Versuche, sich mit ein paar Lauten und einer Grammatik wie in der Frühgeschichte der Menschheit auszudrücken, dazu seine naive Konjugation und Deklination, die wie eine Berichtigung unserer in Regeln erstarrten Sprache wirken. Der Wortschatz eines dreijährigen Kindes, wie Celinina eines war, macht den wahren literarischen Schatz einer Familie aus. Wie sollte die Mutter je das unbeholfene Zünglein vergessen, welches aus einer Mütze eine »Mumetz« und aus Erbsen »Bebsen« machte?

Als ob ihr Leid nicht schon groß genug gewesen wäre, sah die gute Mutter überall auf dem Boden Sachen, mit denen sich Celinina in ihren letzten Lebenstagen vergnügt hatte, und da es Vorweihnacht war, lagen an allen Orten Krippenfiguren herum: Truthähne aus Ton mit Drahtbeinen, ein heiliger Josef ohne Hände, eine Krippe mit einem Jesuskind wie ein rosarotes Klümpchen, ein König auf einem stolzen Kamel ohne Kopf. Was diese armen Figuren in den letzten Tagen alles erlitten hatten, als sie dahin und dorthin geschleift und so oder anders aufgestellt wurden, weiß nur Gott und die Mutter und die reine Seele, die zum Himmel entflogen war.

Die zerbrochenen Figuren waren in gewisser Weise durch Celininas Seele belebt, es ging ein seltsam trauriger Glanz von ihnen aus, der Abglanz von Celinina selbst. Als die Mutter sie anschaute, zitterte sie am ganzen Leib, so tief fühlte sie sich in ihrem innersten Sein verletzt. Seltsames Bündnis der Spielsachen! Wie doch diese Tonklumpen weinten! Sie schienen voller Schmerz und Betrübnis, und ihr bloßer Anblick löste die gleiche Bitterkeit aus wie der des sterbenden Kindes selbst, wenn es mit flehenden Augen seine Eltern bat, sie möchten doch den stechenden Schmerz von seiner brennenden Stirn wegnehmen! Das Traurigste für die Mutter war der Truthahn, der mit seinem Drahtbein auf einer Tonplatte befestigt war und durch das dauernde Hin- und Herwackeln den Schnabel samt dem Schnabellappen verloren hatte.

III.

So schmerzlich die Gemütslage für die Mutter war, viel schmerzlicher war sie für den Vater: War sie vom Gram gepeinigt, so gesellten sich bei ihm zum Gram noch bohrende Selbstvorwürfe. Wir wollen die merkwürdige Geschichte hier kurz erzählen, obwohl uns bewußt ist, daß sie einigen Leuten kindisch und einfältig vorkommen mag; aber diese erinnern wir daran, daß nichts so sehr der Gefahr ausgesetzt ist, kindisch zu wirken, wie echter persönlicher Schmerz, bei dem keinerlei irdische Interessen und keinerlei Verärgerung über unbefriedigten Egoismus mitspielt.

Seit Celinina krank wurde, freute sie sich auf das trauliche Fest, das die Kinder am innigsten herbeisehnen: Weihnachten. Man weiß ja, wie ungeduldig die Kinder auf die Ankunft der Freudentage warten, wie sie auf die Geschenke fiebern, auf die Krippe, auf das viele und gute Essen – lauter Truthahn, Marzipan, Zuckermandeln, Turrón* ... Einige trauen sich in ihrer Unerfahrenheit zu, alles in den Magen zu stopfen, was Markt und Gassen an Eßbarem feilbieten.

Immer wenn es Celinina ein bißchen besser ging, plauderte sie von nichts anderem als vom bevorstehenden Weihnachtsfest, und da ihre Vettern und Basen etwas älter waren als sie und über alles Bescheid wußten, was man über die Geschenke und die Krippe wissen muß, entzündete sich die Phantasie des Mädchens bei ihren Erzählungen immer neu, und entsprechend steigerte sich ihre Sehnsucht, Süßigkeiten und Spielsachen zu besitzen. Wenn sich ihre Sinne in der Fieberhitze wieder verwirrten, kam nur aus ihr heraus, was sie am allermeisten beschäftigte: Trommelschlagen, Zambomba** reiben, Weihnachtslieder singen. In ihren Fieberträumen gab es nur krächzende Truthähne und gackernde Hühner; Turrónberge reichten bis zum Himmel, und ein ganzes Guadarrama-Gebirge türmte sich auf; Krippen mit mindestens fünfzigtausend Figu-

* Turrón = Weihnachtssüßigkeit aus Honig und Mandeln; je nach Gegend eine Art Nougat oder eine Art Marzipan. (Anm. d. Übers.)

** Zambomba ist ursprünglich ein Hirteninstrument, eine Art Trommel ohne Boden. Im Fell steckt ein Stöpsel, mit dem durch Auf- und Abbewegen ein reibendes Geräusch erzeugt wird. (Anm. d. Übers.)

ren waren voll von Süßigkeiten; Bäume mit Zuckerästen waren vollbehängt mit allen Arten von Spielsachen, die nur die blühendste Phantasie eines Marktfahrers sich ausmalen kann; der Teich im Retiropark war mit Mandelmilch gefüllt; riesige Karpfen schauten die Köchinnen mit ihren starren Augen an; vom Himmel regnete es Orangen, und sie fielen dichter als die Wassertropfen an einem Gewittertag; und so geschahen noch tausenderlei wunderbare Dinge ohne Maß und Zahl.

IV.

Celinina war des Vaters einziges Kind, und darum war er fassungslos vor Kummer und Angst. Seine Geschäfte riefen ihn außer Haus; aber oft kam er kurz heim, um nach dem Befinden des Kindes zu sehen. Die Krankheit nahm mit tückischem Auf und Ab ihren Lauf; bald gab sie zu Hoffnung Anlaß, bald raubte sie sie wieder.

Der gute Mann ahnte Düsteres. Das Bettchen mit dem zarten Kindchen darin, das von Fieber und Schmerzen geschüttelt wurde, ging ihm nicht aus dem Sinn. Er dachte immer nur, womit er der Kranken eine Freude machen könnte, und brachte ihr jeden Abend irgendein Weihnachtsgeschenk mit, jedesmal etwas anderes, aber nie etwas zum Schlecken. Einmal brachte er eine Herde Truthähne mit, die so täuschend echt gemacht waren, daß nur das Gekrächze fehlte; ein andermal zog er eine heilige Maria aus der Tasche und am folgenden Tag den heiligen Josef mit dem Jesuskind und dem Stall. Dann kam er mit entzückenden Schäfchen, die von einem stolzen Hirten geführt wurden, dann hatte er Waschfrauen am Waschtrog bei sich, dann einen Wursthändler mit seinen Würsten, dann den schwarzen König, dann den König mit dem weißen Bart und der goldenen Krone. Einfach um etwas zu bringen, brachte er sogar einmal eine alte Frau, die einem Jungen den Hintern versohlte, weil er seine Lektion nicht gelernt hatte.

Aus den Erzählungen ihrer Vettern und Basen wußte Celinina genau, was alles zu einer richtigen Krippe gehörte, und sie merkte, daß die ihre noch unvollständig war, weil zwei ganz wichtige Figuren fehlten: der Ochse und der Esel. Sie wußte zwar nicht, was dieser Ochse und dieser Esel bedeuteten; aber sie achtete darauf, daß alles richtig und in Ordnung war, und bat darum ihren Vater immer wieder inständig um die beiden Tiere, die er ihr trotz seiner Beflissenheit noch vorenthalten hatte.

Er versprach sie zu besorgen, und bei sich faßte er den festen Vorsatz, nicht ohne die beiden Figuren nach Hause zu kommen; aber an jenem Tag, dem 23. Dezember, wurde er von allen möglichen Geschäften und Verpflichtungen dermaßen in Anspruch genommen, daß ihm kein Augenblick Muße blieb. Außerdem wollte es der Himmel, daß Ziehung der Lotterie war, daß er erfuhr, einen Rechtshandel gewonnen zu haben, daß zwei liebe Freunde ihn den ganzen Morgen aufhielten … kurz, der Vater kam ohne den Ochsen, aber auch ohne den Esel nach Hause.

Groß war die Enttäuschung bei Celinina, als sie sah, daß die zwei einzigen Edelsteine nicht kamen, die es noch brauchte, um ihren Schatz zu vervollständigen. Der Vater wollte das Versäumnis sogleich gutmachen, aber der Zustand des Kindes hatte sich im Laufe des Tages wesentlich verschlechtert; der Arzt kam, und da seine Worte alles andere als beruhigend waren, dachte niemand mehr an Ochsen und auch nicht an Esel.

Am 24. beschloß der Vater, das Haus nicht zu verlassen. Celinina ging es dann aber eine Weile so offensichtlich besser, daß alle wieder Hoffnung schöpften und der Vater voller Freude sagte: »Ich gehe schnell die beiden Sachen holen.«

Aber wie ein verwundeter Vogel plötzlich zu Boden stürzt, wenn er zum Höhenflug ansetzt, so fiel auch Celinina gleich wieder in die Abgründe ihres heftigen Fiebers. Zitternd und nach Luft ringend wand sie sich in den Feuerarmen der Krankheit, welche sie immer enger umschnürten und schüttelten, um das Leben aus ihr auszutreiben. Im Gewirr ihrer Fieberträume und im Strudel ihrer Gedanken schwamm als einzige faßbare Idee in der reißenden Flut der unerfüllte Wunsch obenauf: der heißbegehrte Esel und der ersehnte Ochse waren immer noch Gegenstände ihres Hoffens und Wartens.

Halb von Sinnen ging der Vater aus dem Haus und eilte durch die Straßen; aber dann blieb er auf einmal stehen und sagte zu sich: »Wer denkt denn jetzt an Krippenfiguren?«

Er lief hierhin und dorthin, stieg Treppen hinauf, öffnete Türen, ohne einen Augenblick zu verschnaufen, bis er sieben oder acht Ärzte beisammen hatte und mit nach Hause nahm. Es galt jetzt, Celinina zu retten.

V.

Aber Gott wollte nicht, daß die sieben oder acht (die genaue Zahl ist eben nicht bekannt) Jünger Aeskulaps das Urteil widerriefen, das er gefällt hatte, und so wurde Celinina von Stunde zu Stunde schwächer, erschöpfte und verzehrte sich im Kampf mit der unsäglichen Beklemmung wie ein Schmetterling, der von einem Schlag getroffen mit gebrochenen Flügeln zu Boden taumelt. Die Eltern beugten sich in sinnlosem Eifer über das Mädchen, als wollten sie mit der bloßen Kraft ihres Blicks das entschwindende Leben zurückholen, den raschen Verfall des Körpers aufhalten und mit ihrem Atem den der armen Märtyrerin erneuern, der in einem Seufzer verhauchte.

Auf der Straße ertönten Trommeln und Zambombas und die fröhlichen Schellen der Tamburine. Celinina öffnete nochmals die Augen, die schon für immer geschlossen schienen; sie schaute ihren Vater an, und einzig mit ihrem Blick und einem mühsamen Röcheln, das schon nicht mehr von Zungen dieser Welt zu kommen schien, erflehte sie von ihrem Vater, was dieser ihr nicht hatte bringen wollen. Schmerzerfüllt versuchten Vater und Mutter sie zu täuschen, damit sie in diesem Augenblick schlimmster Drangsal eine Freude erlebte, brachten ihr die Truthähne und sagten zu ihr: »Schau, Herzenskind, hier ist das Öchslein und das Eselein.«

Aber obwohl Celinina in den letzten Zügen lag, war sie noch klar genug bei Verstand, um zu sehen, daß die Truthähne eben nichts anderes als Truthähne waren, und sie schob sie mit einer zarten Bewegung weg. Immer noch schaute sie Vater und Mutter fest an und hielt sich beide Händchen an den Kopf als Zeichen ihres heftigen Schmerzes. Allmählich verstummte darin das Dröhnen und Hämmern, das letzte Aufbäumen des Lebens, und schließlich wurde alles ruhig und still wie ein Uhrwerk, das aufhört zu laufen. Das schöne Mädchen war nur noch ein hübsches Bündel; kalt und reglos wie Marmor lag es da, weiß und durchsichtig wie das geläuterte Wachs der Kerzen, die auf den Altären brennen.

Versteht man jetzt die Gewissensbisse des Vaters? Um Celinina wieder ins Leben zurückzubringen, wäre er bis ans Ende der Welt gelaufen, um alle Ochsen und alle, aber auch gar alle Esel aufzutreiben. Der Gedanke daran, Celinina diesen unschuldigen Wunsch nicht erfüllt zu haben, war das schärfste und kälteste Schwert, das sein Herz durchbohrte. Vergeblich versuchte er, es mit Vernunftgründen herauszureißen; was nützte alle Vernunft, wenn er nun ein ebenso kleines Kind war wie das im Sarg und ein Spielzeug wichtiger war als alle Dinge auf der Erde und im Himmel?

VI.

Im Haus legten sich allmählich die Äußerungen der Verzweiflung, als ob der Schmerz die Tore der Sinnesempfindung verschließe, sich ins Innere zurückziehe, wo er seine eigentliche Wohnstatt hat, und sich mit sich selbst beschäftige.

Es war Heiliger Abend, und wenn in dem trauererfüllten, eben vom Tod heimgesuchten Haus alles still war, so tönte von draußen auf der Straße und aus allen Häusern der Stadt fröhlicher Lärm von allen möglichen selbstgebastelten Instrumenten herein, dazu das Stimmengewirr ausgelassener Kinder und Erwachsener, welche die Ankunft des Messias mit ihren Liedern feierten. Im Zimmer, wo das tote Kind aufgebahrt war, hörten die frommen Frauen, die bei ihm wachten, Jauchzen und Johlen, das aus dem oberen Stockwerk durch den Fußboden hindurch bis zu ihnen drang, und sie fühlten sich in ihrem Schmerz und in ihrem Gebet gestört. Dort oben waren viele kleine und noch mehr größere Kinder mit ihren glücklichen Eltern und gutgelaunten Onkeln und Tanten zum Weihnachtsfest zusammengekommen und vergnügten sich außer Rand und Band vor Freude mit der schönsten Krippenanlage, die man sich vorstellen kann, und hielten im dichten Geäst des Christbaums, der mit tausend strahlenden Kerzen geschmückt war, nach Spielsachen und Süßigkeiten Ausschau.

Es gab Augenblicke, da wackelte die Zimmerdecke bei dem Getöse dort oben, die arme Tote schien in ihrem blauen Sarg zusammenzufahren, und alle Lichter flackerten, als wollten sie auf ihre Weise zu verstehen geben, daß auch sie vor Festfreude beschwipst torkelten. Von den drei Frauen, die Totenwache hielten, gingen zwei nach Hause; die dritte blieb allein zurück, doch auch sie spürte, daß ihr Kopf – sicher weil sie vom langen Wachen müde war – immer schwerer wurde, und schließlich sank er ihr auf die Brust, und sie schlief ein.

Die Lichter zitterten und flackerten immer noch, obwohl kein Luftzug im Zimmer zu spüren war. Man hätte glauben können, dort über dem Altar bewegten sich unsichtbare Flügel; auch die Spitzen an Celininas Kleidchen zitterten ganz leicht, und an den Blütenblättern der Stoffrosen sah man, daß ein spielerisches Lüftchen oder ganz zarte Hände darüber strichen. Da schlug Celinina die Augen auf.

Ihre schwarzen Augen durchmaßen mit lebhaftem aufmerksamem Blick den ganzen Raum von oben bis unten und ringsherum. Gleich danach faltete sie ihre Händchen auseinander, ohne daß die Gaze, mit der sie zusammengebunden waren, Widerstand leistete; sie schloß beide Fäustchen und rieb sich damit die Augen, wie es Kinder beim Aufwachen gewöhnlich tun. Mit einem Ruck richtete sie sich ohne jede Anstrengung auf, schaute zur Decke empor und fing an zu lachen; aber ihr Lachen, das zwar sichtbar war, konnte man nicht hören. Das einzige leicht vernehmbare Geräusch war heftiges Flügelschlagen, als flögen alle Tauben der Welt im Sterbezimmer ein und aus und streiften mit ihren Flügeln Decke und Wände.

Celinina stand auf, streckte die Arme in die Höhe, und sogleich wuchsen ihr weiße Flügelchen. Sie breitete sie aus, flog auf und entschwand.

Alles war gleich wie vorher: Die Lichter brannten, das weiße Wachs floß reichlich in die Tropfschälchen, die Heiligenbilder waren alle am selben Ort, bewegten weder Arme noch Beine, noch öffneten sie ihren streng geschlossenen Mund; die Frau saß immer noch friedlich im Traum versunken da, der ihr köstlich zu gefallen schien; alles war gleich wie vorher, nur der blaue Sarg war leer.

VII.

Ein herrliches Fest heute abend in der Familie N.!

Die Trommeln bringen das Zimmer zum Dröhnen. Es ist unmöglich, diesen Teufelskindern klarzumachen, daß sie sich viel besser vergnügen könnten, wenn sie auf das Höllengetöse dieses Kriegsinstrumentes verzichten würden. Damit auch ja kein menschliches Ohr am andern Tag noch heil sei, geselle man zum Trommellärm noch die Erfindung vom Avernosee* hinzu, die da Zambomba heißt und ungefähr wie Satansgegrunze tönt. Vervollständigt wird das Höllenorchester

* Der Avernosee in den Phlegräischen Feldern bei Neapel galt im Altertum wegen seiner Schwefeldämpfe als Eingang zur Unterwelt.

mit dem Schellentamburin, dessen scheußliches Blechgeklapper auch die ruhigsten Nerven aufzuschrecken vermag. Und trotzdem klingt dieses mißtönende Durcheinander ohne Melodie und Rhythmus und primitiver als die Musik der Wilden in dieser einzigartigen Nacht fröhlich und erinnert von fern an einen himmlischen Chor.

Die Weihnachtskrippe ist in den Augen der Erwachsenen kein Kunstwerk; aber die Kinder finden so viel Schönheit in den Tonfiguren, so viel Geheimnis in deren Gesichtsausdruck und so viel Besonderheit in der Kleidung, daß sie gar nicht glauben, menschliche Hände könnten etwas so Vollkommenes schaffen, und sie schreiben das Werk dem außergewöhnlichen Geschick jener Engel zu, die ihr Brot mit dem Formen von Ton verdienen müssen. Wunderschön ist der Korkstall, der einem verfallenen römischen Triumphbogen nachgebildet ist; das Bächlein aus Spiegelglas mit grünen Flecken, welche Wasserpflanzen und Moos am Ufer darstellen sollen, scheint friedlich murmelnd über den Tisch zu fließen. So täuschend ist die Brücke, über welche die Hirten gehen, daß noch nie zuvor Stein aus Karton so echt ausgesehen hat – ganz im Gegensatz zu den Steinbrücken unserer heutigen modernen Architekten, welche wie Karton aussehen. Der Berg, der die ganze Mitte einnimmt, ist einem Abschnitt der Pyrenäen zum Verwechseln ähnlich; die hübschen Häuschen, die noch kleiner sind als die Leute, und die Bäumchen, die aus Zweigen von Pfaffenhütchensträuchern zurechtgestutzt sind, stellen selbst die wirkliche Landschaft in den Schatten.

Aber die schönsten und eigentümlichsten Figuren befinden sich in der Ebene: Am Bächlein waschen

Frauen ihre Wäsche, Geflügelhändler treiben ihre Truthähne und ihre Hennen zum Markt, ein Polizist führt zwei verhaftete Halunken ab, vornehme Herrschaften in offenen Kutschen fahren am Kamel eines Königs aus dem Morgenland vorbei spazieren, und der blinde Perico spielt seine Gitarre in einem Kreis neugieriger Hirten, die vom Stall zurückkommen. Quer über die Mitte fährt eine Straßenbahn genau wie im Madrider Salamancaviertel, und da sie Schienen und Räder hat, lassen sie die Kinder dauernd von Osten nach Westen und wieder zurück fahren – zum großen Erstaunen des schwarzen Königs aus dem Morgenland, der nicht weiß, was das für ein Teufelswerk sein soll.

Vor dem Stall ist ein allerliebstes Plätzchen, dessen Mitte von einer bauchigen Flasche mit Fischen beherrscht wird, und nicht weit weg davon verkauft ein Zeitungsjunge ›La Correspondencia‹, und zwei schöne junge Burschen zeigen ihre Tanzkünste. Die alte Frau, die Krapfen feilbietet, und die Kastanienbraterin an der Ecke sind die entzückendsten Figuren dieses wunderbaren Tonfigurendorfes, und oft genug ziehen allein sie schon die Blicke der Kinderschar auf sich. Vor allem der kleine zerlumpte Junge, der in der einen Hand ein Lotterielos hält und mit der andern ganz selbstverständlich Kastanien aus dem Korb der alten Lambrijas stiehlt, bringt alle so zum Lachen, daß sie sich fast den Kiefer ausrenken.

Kurz und gut: die Nummer eins aller Madrider Krippenanlagen steht in diesem Haus, einem der vornehmsten in der ganzen Stadt, und in seinen Räumen sind die reizendsten und verständigsten Kinder aus zwanzig Straßen im Umkreis beisammen.

VIII.

Und der Christbaum? Er ist aus Eichen- und Zedernzweigen gebastelt. Der Freund der Familie, der sich voller Eifer und Hingabe damit abgemüht hat, erklärt, aus seinen Händen sei noch nie ein so vollkommenes Werk hervorgegangen. Ungezählte Geschenke hängen in seinen Zweigen; es sind noch mehr als Sand am Meer, vermutet ein kleiner Junge, der davor steht: süße Naschereien in Hüllen aus feinem Seidenpapier; Mandarinen, die kleinen Lieblingskinder der Orangen; Kastanien in Silbermäntelchen; Schächtelchen mit Fruchtgeleebonbons; aller Art Figürchen zu Fuß und zu Pferd – alles, was Gott geschaffen hat, damit es Mahonesa in ihren Backstuben verfeinere, oder was Scropp zum Verkauf anbieten kann, ist dort großzügig und geschickt aufgehängt worden. Kerzen in so verschwenderischer Zahl strahlten an diesem Lebensbaum, daß ein Knirps von vier Jahren fand, es seien mehr, als es Sterne am Himmel gebe.

Die Wonne der Kinderschar kann mit keinem menschlichen Gefühl verglichen werden: Es ist die unaussprechliche Seligkeit der himmlischen Heerscharen in Gegenwart des Allerhöchsten in seiner ganzen Güte und Schönheit. Das Übermaß an Freude macht sie sozusagen vernünftig, und wie in seraphischer Verzükkung glänzt ihnen die Seele in den Augen, und im Vorgeschmack all der himmlischen Dinge, die sie zu essen bekommen werden, schwimmen sie wie Engel in reinen Gefilden köstlicher Süßigkeiten, schwelgen in Blüten- und Zimtduft und in unerschaffenen Wohlgerüchen von Spielsachen und Schleckwaren.

IX.

Aber auf einmal hörten sie ein Geräusch, das nicht von ihnen stammte. Alle blickten zur Decke, aber da sie dort nichts sahen, schauten sie vom einen zum andern und fingen an zu lachen. Sie hörten ein starkes Rauschen, wie von Flügeln, die an Wände und Decke streifen. Wären sie blind gewesen, sie hätten geglaubt, alle Tauben der Welt seien ins Zimmer hereingeflogen. Aber sie sahen nichts, überhaupt nichts.

Hingegen beobachteten sie auf einmal etwas ganz und gar Unerklärliches, noch nie Dagewesenes: Alle Krippenfiguren bewegten sich, verschoben sich ohne das geringste Geräusch. Der Straßenbahnwagen fuhr zuoberst auf den Berg hinauf, die Heiligen Drei Könige wateten im Bach. Die Truthähne schlüpften, ohne um Erlaubnis zu fragen, in den Stall, und der heilige Josef kam ganz verwirrt herausgerannt, als wolle er den Grund für dieses seltsame Durcheinander erfahren. Inzwischen waren eine ganze Reihe von Figuren umgefallen. Wenn die Ortsveränderungen anfänglich noch einigermaßen zufällig vonstatten gingen, so entstand mit der Zeit ein solcher Aufruhr, als wären hunderttausend geschäftige Hände dabei, alles in Unordnung zu bringen. Es war ein Weltuntergang im kleinen: Der Berg stürzte ein, weil ihm sein uraltes Fundament entzogen war, das Bächlein änderte seinen Lauf, seine Spiegelchen fielen aus dem Bett und überschwemmten die ganze Ebene aufs schrecklichste; die Häuschen versanken bis zum Dach im Sand; der Stall ächzte, als würde er von fürchterlichen Stürmen geschüttelt, und da viele Lichter erloschen, verschwand die Sonne im Nebel, und das Tages- wie auch das Nachtgestirn wurden verdunkelt.

Vor lauter Verblüffung über das rätselhafte Geschehen fingen einige der Kleinen schallend zu lachen an, andere aber weinten. Eine abergläubische alte Frau sagte zu ihnen: »Wißt ihr eigentlich, wer an diesem ganzen Tumult schuld ist? Den machen die toten Kinder im Himmel; ihnen erlaubt Gottvater, heute nacht auf die Erde zu kommen und mit den Krippenfiguren zu spielen.«

Alles nahm schließlich ein Ende, und man konnte hören, wie das Flügelrauschen sich allmählich wieder entfernte.

Viele der Anwesenden getrauten sich wieder herbei, um sich die Verwüstung näher anzusehen, und einer der Herren sagte: »Der Tisch ist eben eingestürzt, und so ist alles durcheinander geraten.«

Groß und klein half mit, die Figuren zusammenzulesen und wieder ordentlich aufzustellen. Jede einzelne schauten sie genau an, zählten sie nach und merkten, daß etwas fehlte. Sie suchten und suchten überall, aber umsonst. Zwei Figuren blieben verschwunden: das Öchslein und das Eselein.

X.

Kurz bevor der Tag anbrach, flogen die Störenfriede wieder in den Himmel hinauf und hüpften selig wie Geburtstagskinder von Wolke zu Wolke. Es waren Millionen und Abermillionen, alle sahen reizend aus in ihrer reinen himmlischen Schönheit und mit ihren kurzen weißen Flügelchen, mit denen sie schneller schlugen als die schnellsten Vögel auf der Erde. So groß war der Schwarm, daß man ihn im sichtbaren Raum unmöglich mit einem Blick umfassen konnte; er deckte den Mond und die Sterne zu, wie wenn der Himmel sich mit Wolken überzieht.

»Schnell, schnell, Herrschaften, es ist schon fast Tag«, sagte einer, »und Gottvater wird uns schelten, wenn wir zu spät kommen. Die Krippen taugen dieses Jahr überhaupt nichts… Wenn man an frühere Zeiten denkt…«

Celinina flog dieses Jahr zum erstenmal mit, und in der großen Höhe wurde ihr etwas schwindlig. »Komm«, sagte jemand zu ihr, »gib mir die Hand, dann kannst du besser geradeaus fliegen. Aber was hast du denn da?«

»Das«, antwortete Celinina und drückte zwei grobschlächtige Lehmtiere an ihre Brust, »das gehört mir, gehört mir.«

»Schau, Kind, wirf dieses Spielzeug weg! Man merkt, daß du erst gerade von der Erde kommst. Du mußt wissen, daß wir im Himmel ewiges und stets verlockendes Spielzeug haben; wenn uns Gottvater trotzdem in dieser Nacht auf die Erde schickt, so will er, daß wir die Weihnachtskrippen dort unten ein bißchen durcheinanderbringen. Da oben feiern sie in dieser Nacht auch, und ich glaube, sie wollen uns weghaben, weil sie vom Betrieb, den wir machen, Kopfweh bekommen. Aber wenn uns der liebe Gott auf die Erde und in die Häuser läßt, so nur unter der Bedingung, daß wir nichts mitnehmen, und du hast nun das stibitzt.«

Celinina ließ sich von diesen triftigen Gründen nicht überzeugen, drückte ihre beiden Tierchen nur noch fester an die Brust und sagte immer wieder: »Das gehört mir, gehört mir.«

»Schau, kleines Dummerchen«, redete der Engel weiter, »wenn du nicht auf uns hörst, wird es Ärger geben. Flieg schnell wieder auf die Erde hinunter, und laß das dort; es ist aus Erde, und auf der Erde muß es

bleiben. In einem Augenblick fliegst du hinab und wieder zurück, dummes kleines Kind. Ich warte solange auf dieser Wolke.«

Schließlich gab Celinina nach und brachte auf die Erde zurück, was sie von der Erde genommen hatte.

XI.

Darum stellten die Leute fest, daß der entzückende kleine Leichnam, das, was Celininas sichtbare Person gewesen war, statt des Rosenstraußes zwei Tonfigürchen in den Händchen hielt. Weder die Frauen, die Totenwache gehalten hatten, noch der Vater, noch die Mutter konnten sich das erklären. Aber als das liebliche, von allen so beweinte Kind ins Grab gelegt wurde, hielt es in seinen kalten steifen Händchen das Öchslein und das Eselein.

Emilia Pardo Bazán

Zwei Weihnachtsessen

»Heute ist ein ganz besonderer Tag, und heute abend sollte niemand allein essen müssen«, sagte der Bankier Rosálbez zu seinem Freund, dem jungen Grafen Planelles, den er zufällig auf der Straße ganz nahe bei seinem prunkvollen Palast angetroffen hatte. »Sie sind ledig, vielleicht haben Sie noch keine Verabredung zum Abendessen... Wenn Sie die Freundlichkeit haben, uns zu beehren... um Punkt acht Uhr... Ich werde allerdings nur wenig essen, mein Magen ist nicht ganz in Ordnung; sie werden mein Teil wettmachen...«

»Mit tausend Dank angenommen«, antwortete herzlich der Graf, »ich hatte im Sinn, mit einigen Freunden im ›Neuen Club‹ zu speisen. Ich teile es ihnen mit, und fertig... obwohl es eigentlich nicht einmal nötig wäre, es ihnen zu melden; wenn sie mich dort nicht sehen...«

»Fein, abgemacht! Auf Wiedersehen also!« murmelte Rosálbez und sprang in seine Kutsche, die auf ihn wartete, um ihn wie jeden Tag zu einem Plätzchen zu fahren, von wo aus er zu Fuß zu einem gewissen Haus ging, vor dem er die Kutsche besser nicht anhalten ließ.

Es war »Pulcinellas Geheimnis«, wie unsere französischen Nachbarn sagen würden; in ganz Madrid war bekannt, daß Rosálbez die offenherzige Lucía »La Cordobesa« aushielt, die Frau mit den vielen verführerischen Reizen, und daß es ihn teuer zu stehen kam: Wer hat, kann ausgeben.

Man muß wissen, daß der wohlhabende Rosálbez

schon sechsundfünfzig Jahre alt war und daß seine Wesensart und sein Geschmack sich merklich verändert hatten. In früheren Jahren hatte in seinen Beziehungen zu Frauen das Begehren eine große Rolle gespielt: Er verlangte von ihnen Vergnügen für eine kurze Weile. Jetzt, da seine Körperkräfte allmählich nachließen, wurde er weicher, und er suchte gemütliches Wohlbefinden, das behagliche Gefühl töchterlicher Schmeichelei. Seine richtige Tochter Fanny begegnete ihm mit eiskaltem Respekt und passivem mechanischem Gehorsam; bei der »Cordobesa« hoffte Rosálbez Spontaneität, liebevolle Wärme zu finden, etwas anderes, etwas, was die Asche aufrührte und zarte Flämmchen aufglimmen ließ. Mit dieser Hoffnung und diesem Wunsch klopfte er am Weihnachtstag an ihre Tür.

Lucía befand sich in ihrem Ankleidezimmer. Sie trug einen rosaroten Flanellmorgenrock. Das Dienstmädchen faßte mit einem breiten Kamm die pechschwarze Pracht ihres vollen gewellten Haares zu einem Knoten und zog sich unauffällig zurück, als der Beschützer eintrat.

Die »Cordobesa« lächelte; Rosálbez ergriff ihre Hand, strich immer wieder über die dunkle Haut und die fein gedrechselten Finger und drang mit folgendem Ansinnen in sie: »Wir essen also heute abend zusammen? Du gehst selbst in die Küche und gibst Anweisungen für die Mandelsuppe und das Schnitzkompott, wie sie in deiner Heimat zubereitet werden?«

Lucía senkte einen Augenblick die schweren seidenen Wimpern und verzog schmollend den bleichen Mund, aus dem die weißen Zähne wie starre Milchglasstücke blitzten. »Ach, Liebster, was für eine Laune kommt dich an! Beim heiligen Raphael! Soll ich es dir singen oder beten? Du weißt doch, daß meine Kusine aus Ecija hier ist und daß sie mit mir zur Mitternachtsmesse gehen möchte. Wenn du dich damit zufrieden gibst, um acht Uhr mit mir zu essen und Punkt elf Uhr wegzugehen… meinetwegen; nachher habe ich eine Verabredung.«

Rosálbez brauste auf; das Blut schoß in seinen kahlen Schädel: »Verabredung! Das gefällt mir! Was für eine Verabredung ist denn für dich wichtiger als mit mir? Auf acht Uhr ist das Nachtessen bei mir zu Hause angesetzt; an einem Abend wie heute will ich meine Tochter nicht allein lassen; außerdem… habe ich eine Verabredung.«

»Oh! Gäste! Wen?«

»Leute, die du nicht kennst. Das Ehepaar Ruidencina, Mario Lirio, den Grafen Planelles…«

Lucía lachte schallend heraus. Ihr Lachen war vulgär – nichts verrät Herkunft, Bildung, Wesensart so leicht wie der Klang des Lachens.

»Was lachst du?« fragte der Bankier ungeduldig.

»Über dich!« antwortete sie spöttisch, »du bildest dir wahrhaftig ein, ich kenne diese Sorte Leute nicht! Ich kenne ganz Madrid!«

Das freche geringschätzige Lachen, das immer noch nicht aufhören wollte, tat Rosálbez weh. Er hätte viel gegeben für ein Fünkchen Sanftheit in den großen Araberaugen der »Cordobesa«, für einen Anflug von Milde in ihrem dunklen Antlitz.

»Machst du mir ein Abendessen, ja oder nein?« fragte er nochmals trocken und bestimmt und spürte in der Hand ein Kribbeln, eine plötzliche Lust, die Spötterin grob zurechtzuweisen.

»Um Mitternacht… schlage dir das aus dem Kopf,

mein Kleiner«, erklärte sie mit der gleichen abschätzigen Unbeugsamkeit.

»Also gut!« gab Rosálbez schnippisch zurück, stand auf und ging zur Tür.

Schon in der Mitte des Flurs hörte er hinter sich Schritte und Lucías Stimme, die ihn scherzend zurückrief; aber statt sich umzudrehen, schritt er schneller aus, schob geräuschvoll den Riegel der Haustür auf und eilte die Treppe hinunter. Als er sich auf dem Plätzchen sah, fiel ihm ein, daß er seinen Wagen verabschiedet hatte, und ging zu Fuß weiter, um so seine Erregung abzukühlen. Plötzlich wußte er es klar und deutlich; er begriff, was da geschehen war. Unumwunden gestand er es sich ein: Er war in Lucía verliebt, in die ungebärdige Cordobesin mit dem Zigeunerblut. Bis dahin hatte er sie wie ein Möbelstück betrachtet oder wie einen Luxusgegenstand: mit vollkommener Gleichgültigkeit. Aber bedingt durch sein kritisches Alter war er weicher geworden, und ein bisher unbekanntes Gefühl war in ihm gewachsen. Als nun die Heilige Nacht näher kam, die der reinen Liebe geweihte Nacht, in der jeder Mensch den Wunsch hat, den Kopf an eine liebende Brust zu lehnen, da träumte Rosálbez davon, daß es Lucías Brust sein würde, und der Schmerz ob seiner Enttäuschung war ihm Gradmesser für seine Sehnsucht. »Nach allem, was ich für sie getan habe« dachte der Bankier, »ich habe sie aus Not und Elend herausgeholt; sie verdankt mir sogar die Luft, die sie atmet. Ich habe noch nie jemanden so gut behandelt wie sie; ich habe sie mit Wohlstand und Luxus ausgestattet; ich bin ihr sogar mit Achtung und Respekt begegnet... Ich liebe sie, ich verehre sie... die Undankbare!«

Der Gedanke an Lucías Undankbarkeit besänftigte

Rosálbez ein wenig: Er empfand nun Mitleid mit sich selbst. Er haderte mit seinem Schicksal: In dieser Stunde, angesichts des drohenden Alters, bei vollem Beutel, aber ausgetrockneter, verdüsterter Seele, brauchte er Liebe und Zuneigung, um das schwarze Loch zu stopfen. Seine Frau war Baskin gewesen, eine harte, strenge Hausfrau, eine trockene Verwalterin, nur darauf bedacht, mit einem straffen Sparplan im Haushalt ihren Beitrag zu den kühnen Spekulationen ihres Gatten zu leisten. Als sie starb, vermißte er sie, weil die Köche ihn bestahlen und die Haushaltsausgaben beträchtlich stiegen. Ihre einzige Tochter Fanny war sehr fromm und von Natur aus ernst und schweigsam. Es lag ihr nicht, dem Vater zu schmeicheln, denn sie betrachtete ihn eher als einen Vorgesetzten, der Befehle erteilte, ein höheres Wesen, zu dem es keine Gefühlsbindung gab. Jetzt gerade stand sie völlig im Banne ihrer Liebe zum Grafen Planelles, aber sie war noch nicht förmlich mit ihm verlobt. Rosálbez war davon unterrichtet, und so beeilte er sich in einer plötzlichen Anwandlung von Güte und mit dem Wunsch, ein lächelndes Gesicht zu sehen, so rasch als moglich nach Hause zu kommen, in Fannys Wohnzimmer zu treten und ihr die Nachricht zu überbringen, Planelles sei zum Weihnachtsessen eingeladen. Es bedeutete soviel wie: »Ich billige deine Beziehung; er ist nun dein Verlobter.«

Als Fanny die Neuigkeit vernahm, wurde sie rot wie eine Kirsche, sie zitterte, sagte aber nur: »Es ist gut...«

Rosálbez hatte sich etwas anderes ausgemalt: daß sie ihm um den Hals fallen, daß sie sich in die Arme schließen würden. Eben hatte er eine mögliche Lösung für sein Leben sich abzeichnen sehen: sich mit seiner Tochter zu verbünden, ein Heim für sich in ihrem Heim zu schaffen, die Enkel zu verehren und zu verwöhnen, die Gott ihm senden mochte. Schon sah er vor sich eine lange Reihe von künftigen Weihnachtsfesten mit gemütlichen Familienessen, mit einem Christbaum voller Spielsachen und lustiger, liebevoll vom Großvater ausgesuchter Überraschungen. Er meinte schon, auf seinen Knien das Gewicht des Ältesten zu spüren, und stellte sich vor, wie die warmen Händchen der Kleinen in seinem Bart kraulten. Ja, das war es, das Gute, das Ehrenhafte, das Würdige, das mußte getan werden! Ganz ergriffen trat er auf Fanny zu, küßte ihre marmorne Stirn und trank gierig die Reinheit der jungfräulich frischen Haut.

Großartig war das Essen, das um Punkt acht Uhr aufgetragen wurde. In nichts glich es dem, das er sich bei der »Cordobesa« gewünscht hatte: Es gab keine Mandelsuppe, keinen Brachsen mit Zitronenscheiben, kein Kompott mit Zimtstreifen. Zu solch klassischen Familiengerichten lassen sich Köche nicht herab, die Tausende von Peseten Lohn bekommen. Auf der Tafel des Bankiers fuhren die schmackhaftesten Fische und Krustentiere auf, nach erlesenster französischer Art zubereitet, und zu trinken gab es kostbare alte Weine. Das Meisterstück des Kochs war die Nachahmung eines gekochten Schinkens aus gepreßter Fischmasse (das Fastengebot am Vortag von Weihnachten durfte nicht übertreten werden), die nicht nur die Augen, sondern auch den Gaumen täuschte. Fanny saß zur Rechten des Mannes, den sie bereits als ihren Bräutigam betrachtete, im Schatten des Tafelaufsatzes, eines kunstvollen Straußes aus weißem, im Wintergarten zum Blühen gebrachtem Flieder, aus Blütenzweigen und roten Kamelien. Sie unterhielt sich gelassen mit ihm, doch als Rosálbez die beiden verstohlen ansah, entschlüpfte ihm unwillkürlich die Bemerkung: »Aber Planelles, wie wenig Sie essen!«

Worauf der Graf zur Antwort gab: »Mein Magen ist eben nicht ganz in Ordnung...«

Dieser so einfache Satz ließ den Bankier aufschrecken. Es war genau derselbe, den er am Vormittag gebraucht hatte, als er Planelles einlud und sich dabei vornahm, Hunger für das andere Abendessen aufzusparen, das intime Mitternachtsmahl bei Lucía. Die eigenartige Übereinstimmung, die vorerst noch nicht entschlüsselt war, traf seine Gedanken wie ein Blitz. Wer wird jemals herausfinden, was für unerklärliche Fäden vom leisen Verdacht bis zur Entdeckung der ganzen Wahrheit führen? Nicht der leidenschaftliche Beschützer der »Cordobesa«, sondern Fannys Vater schaute seinem zukünftigen Schwiegersohn tief in die Augen und dachte kühl berechnend bei sich: »Mir machst du nichts vor. Du fastest, um Appetit für nachher aufzusparen. Ha! Dir spüre ich nach. Suchst du bei meiner Tochter Geld oder Liebe? Nimm dich in acht vor mir!«

Der Eindruck verfestigte sich, als der Graf trotz Fannys Ankündigung, sie werde Punkt zwölf Uhr ein Glas Champagner auftragen, um mit den Tischgästen die Geburt des Herrn zu feiern, erklärte, er werde sich nun verabschieden.

Eine Viertelstunde nach dem Grafen ging der Bankier die weiße Marmortreppe hinunter und sprang in die erstbeste Mietkutsche an der Ecke. Der verschlissene Wagen hielt vor der Haustür der »Cordobesa«. Der Nachtwächter kam nicht – wie es sein Amt war – mit dem Schlüsselbund herbei, denn Rosálbez gab ihm regelmäßig großzügige Trinkgelder, damit er seinen eigenen Hausschlüssel benutzen durfte und auf diese Weise unangebrachte Geschäftigkeit vor dem Haus vermeiden konnte. Er trat in den dunklen Vorraum, wandte sich nach links, zündete ein Streichholz an und fand das Türschloß zum Zimmer im untern Stock.

Er atmete tief erregt, als er den Schlüssel ins Schloß steckte. Immer noch zweifelte er! Wer weiß? Vielleicht war die »Cordobesa« als gute Andalusierin tatsächlich so traditionsgebunden, daß sie den Heiligen Abend nicht ohne den Besuch der Mitternachtsmesse, der fröhlichsten und innigsten aller heiligen Messen, feiern wollte? Welche Wonne, im kleinen blauen Plüschzimmer auf sie zu warten und ihr, wenn sie um ein Uhr heimkäme, das Etui mit dem Perlengeschmeide – dem neuesten Modeschrei – in den Schoß zu legen! Der Bankier drehte geräuschlos den Schlüssel; unter seinen Füßen spürte er den Teppich des Vorzimmers. Er zündete die Tulpenlampe an und hörte gleichzeitig fröhliches Gelächter aus dem Eßzimmer. Auf den Zehenspitzen schlüpfte er ins Ankleidezimmer rechts vom Flur: Er wollte wissen, woran er war; er wollte es sehen, er wollte es erfahren, er wollte Gewißheit über die Niedertracht. Vom Ankleidezimmer ging er ins Kabinett, und von dort aus war es leicht, durch die Glastür zu sehen, was im Eßzimmer vor sich ging. Rosálbez bückte sich und schob den Vorhang ein wenig zur Seite... Vor sich hatte er die »Cordobesa« mit der prächtigen Mantilla und Blumen im aufgeknoteten Haar; neben ihr hob Planelles das Glas.

Der Bankier wich zurück; er lehnte sich ins Sofa und meinte, eine Hand drücke ihm die Kehle zu, um ihn zu erwürgen. Er war vollständig vernichtet; nicht nur er war aufs schlimmste verhöhnt, nein, seine arme Fanny war es mit ihm. Das Gelächter, die lustigen Lieder, die vom Eßzimmer herüberdrangen, trafen ihn wie Peitschenhiebe. Er stand auf; tastend suchte er den Ausgang und gelangte in den Vorraum. Er ließ die Tür offenstehen; wieder auf der Straße, warf er den Schlüssel in den erstbesten Abwasserschacht, stieg in einen Wagen und nannte seinen Wohnsitz. Die Räume seines Palastes waren immer noch hell erleuchtet; Fanny verabschiedete im Vorzimmer die Gäste; als sie fort waren, trat Rosálbez auf seine Tochter zu, nahm sie bei der Hand und stotterte: »Nur Mut! Erschrick nicht…! Eben ist mir der Nachweis gelungen, daß Graf Planelles deiner nicht wert ist; er ist ein Schuft und betrügt dich mit der erbärmlichsten aller Dirnen. Ich schwöre es dir, dein Vater schwört es dir; er hat sich selbst davon überzeugt, daß es so ist… Nie und nimmer werde ich dulden, daß er seinen Fuß nochmals auf diese Schwelle setzt.«

Fanny erwiderte gar nichts, wurde weiß wie ihr Kleid und stammelte nur: »Ich werde ins Kloster der Reparadoras eintreten.«

Rosálbez sah vor sich eine lange Reihe künftiger Weihnachtsfeste in Einsamkeit und Kälte, ein riesiges finsteres Loch in seinem Dasein…

Emilia Pardo Bazán

Die Weihnachtskrippe

Nach dem Eindunkeln fuhr Julio Revenga mit der Straßenbahn nach Hause ins vornehme Madrider Salamancaviertel, die Hände in die Taschen seines pelzverbrämten Mantels vergraben und unerquickliche Gedanken wälzend. Er steckte in einer verfahrenen Lage, doppelt schwierig für einen rechtschaffenen Mann wie ihn, der widriger Umstände wegen zum Vertuschen und Lügen gezwungen war. Wie teuer zahlte er doch für eine Stunde Irrweg! Seine Gewissensruhe, sein Hausfriede, sein unbescholtener Lebenswandel, alles war dahin wegen einiger Augenblicke, da er einer Versuchung nicht hatte widerstehen können.

Während der Schaffner die Haltestellen ausrief und der Straßenbahnwagen sich allmählich leerte, grübelte Revenga über die Geschichte seines Fehltritts nach. Wie war es eigentlich gewesen? Wie hatte es geschehen können? Wäre sein Landsmann und Freund Costavilla nicht in Konkurs geraten, hätte er keine Gelegenheit gehabt, immer wieder mit dessen Schwester Anita Dolores zusammenzukommen, einer kecken Frau gegen die Dreißig, die sich eher herausfordernd als keusch zurückhaltend benahm.

Bei dem verhängnisvollen Konkurs verlor Costavilla Tatkraft und Hoffnung; Anita Dolores hingegen verriet große geschäftliche Begabung, sie erwies sich als geschickt und unternehmungslustig, entschlossen, das Haus auf irgendeine Weise zu retten. Für ihre Unterhandlungen holte sie Rat bei Revenga, bat ihn um Hilfe und Kredite, und ihre Zusammenkünfte dauerten oft stundenlang. Beim Sichten der Papiere, beim Abschätzen der Liquidationsmöglichkeiten entstand allmählich neckisch heitere Vertraulichkeit, aus der bei Anita bald einmal unmißverständliche Zuneigung wurde. Als Revenga ahnte, was geschehen könnte, war seine Eigenliebe bereits angestachelt, seine Phantasie entflammt. Trotzdem dauerte das Feuer nur kurze Zeit: Der treue Gatte und Ehrenmann wurde sich bewußt, daß er Schluß machen mußte mit einer Beziehung, die keine Zukunft hatte und für die es keine Entschuldigung gab. Noch so gern opferte er einige Tausender, um Costavillas Schiff wieder flottzumachen, und trennte sich von Anita Dolores mit dem Vorsatz, sie nie wiederzusehen.

Er hatte nicht mit den Gesetzen der Natur gerechnet: In einem abgelegenen Provinzort brachte Anita Dolores ganz im geheimen ein Kind zur Welt. Es war die Strafe der Vorsehung, nicht nur für sie, sondern auch für Revenga, der keine eigenen Kinder hatte und auch auf keine hoffen konnte.

Die Straßenbahn fuhr nun schneller, und im schaukelnden Lampenlicht, das sich auf der vereisten Scheibe spiegelte, versuchte Revenga, seines Grams Herr zu werden. Nie würde er sein Töchterchen sehen; nie würde er es in die Arme schließen, nie es auf seine Knie setzen, nie dürfte er es lächelnd küssen... Anita Dolores war unbeugsam in ihrer Rache und hatte es versteckt, hatte es verschwinden lassen. Verschwinden lassen...? Zu wie vielen Vermutungen dieses Wort doch verleitet!

Was war aus dem Kind geworden?... Wo war das im

Stich gelassene Geschöpf jetzt um diese Zeit, da er bald in sein reich ausgestattetes Haus treten würde, wo elektrisches Licht das Eßzimmer hell beleuchtete und knisternde Eichenscheiter angenehme Wärme verbreiteten? Wo war es jetzt, da die Traulichkeit seines Heimes ihm entgegenlächelte und die Weihnachtssüßigkeiten bereitstanden? In welcher unwirtlichen Bauernhütte, in welchem eiskalten Waisenhaus-Schlafsaal mochte es wohl sein? Lebte es überhaupt noch? War es wünschenswert, daß es noch lebte?

Revenga erschauerte vor innerer Kälte, schlug den Mantelkragen hoch und drückte den Hut fester in die Stirn. Tiefe Betrübnis drückte auf seine Seele. Eben war er bei Freunden von Costavilla gewesen, hatte wie immer unauffällig nach Anita Dolores gefragt und Bestürzendes erfahren. Anita Dolores heiratete! Costavillas neuer Geschäftspartner war der Bräutigam, ein einsatzfreudiger fähiger junger Mann. Nicht Eifersucht quälte Revenga, nicht Erinnerungen an Vergangenes raubten ihm den Schlaf... Er dachte an das Schicksal seines Kindes, und die bevorstehende Heirat verdunkelte die ungewisse Zukunft noch mehr. Es durfte ja niemand glauben, daß er mit britischer Seelenruhe dasitzen und die Arme verschränken würde! Anita Dolores sollte sich vorsehen! Schon morgen in aller Herrgottsfrühe würde er das Kind von ihr fordern und wenn nötig, es sogar auf einen Skandal ankommen lassen! Skandal war zwar seiner Wesensart zuwider; Skandal konnte seine Frau Isabel lebensgefährlich verletzen, denn bei dieser Gelegenheit würde sie erfahren, was sie niemals wissen durfte... Gleichgültig, er würde den Skandal vom Zaun reißen, bei allen Heiligen! Er war entschlossen, kein Blatt vor den Mund zu nehmen, wenn nötig die Hochzeit platzen zu lassen, die Polizei auf den Plan zu rufen...; das Kind mußte er bekommen, und er würde es Leuten in Pflege geben, die gut für es sorgten; er würde ihm eine sorgfältige Schulbildung zukommen lassen und darauf bedacht sein, daß es ihm an nichts mangle...; vor allem aber dürfte er es sehen, es herzen und küssen und ihm auf die nächste Weihnacht Geschenke bringen... Fest entschlossen preßte er die Fäuste zusammen und biß auf die Zähne. Neuer Morgen, brich an!

Inzwischen war Revengas Gattin Isabel in ihrem Ankleideraum mit der Toilette so gut wie fertig geworden. Das Dienstmädchen knöpfte ihr noch den dunkelblauen Seidenrock mit dem Rankenmuster zu, steckte das Spitzentuch fest, das auf der Brust mit einem brillanten- und saphirbesetzten Kreuz zusammengehalten wurde – Revengas letztem Geschenk aus Paris. Mit unschuldiger Koketterie strich sie sich das gewellte Haar zurecht und schaute sich im dreiteiligen Spiegel an, um sich zu vergewissern, daß die Tränenspuren, die sie mit Kölnischwasser weggewaschen und mit Puder leicht betupft hatte, auch wirklich verschwunden waren. Warum sollte man merken, daß sie geweint hatte!

Fertig angekleidet und geschmückt ging sie in ein kleines Kämmerchen neben ihrem Schlafzimmer, wo sie sonst ihre Reisekoffer aufbewahrte; heute aber sah es ganz anders aus als gewöhnlich. Schwere Damast- und Seidenvorhänge polsterten die Wände, an der Decke war eine Kordel mit elektrischen Lämpchen gespannt, und der Boden war mit weichen Teppichen belegt. Auf einem Brettergestell an der Stirnseite war in etwa einer Elle Höhe eine Weihnachtskrippe aufgebaut, die klassische spanische Bethlehemszene mit Wiesen aus Moos,

Glasscherben und Blechstücken als Seen und Bäche, Wäldchen aus Ginsterzweigen, mit spitzen Kartontürmchen, mit Hirten aus Ton, mit gelben Dromedaren und mit den Drei Weisen aus dem Morgenland, die in ihren roten Mänteln fast wie Spielkartenkönige aussahen. Zwei winzige Springbrunnen benetzten mit ihrem silberhell plätschernden Wasser die Zwergpflanzen, welche den offenen Stall einrahmten. Isabel blieb stehen, betrachtete die feinen Rinnsale, lauschte ihrer rhythmischen Musik, und wieder kamen ihr die eigenen Tränen in den Sinn, und sie spürte, wie sie erneut in ihre Augen quollen und ihr das Herz schwer machten... Ungerechtigkeit, Schlechtigkeit, Lügen verletzten Isabel noch schmerzhafter als Beleidigungen. Warum wurde sie betrogen? Sie, die unfähig war, jemanden zu betrügen, sie, die alle Falschheit und Lüge verabscheute? Wie war es möglich, mit einem Lächeln und einer Liebkosung von ihr Abschied zu nehmen und dann in einem andern Haus Stunden und Stunden in Gesellschaft einer andern Frau zuzubringen?

Die Springbrunnen plätscherten leise seufzend, und auch Isabel seufzte; das fallende Wasser paßt mit seinem Rauschen zur Freude wie zum Leid: Für die einen klingt es wie ein himmlisches Konzert, für die andern wie herzzerreißende Klage.

Isabels Seele klagte, forderte Rechenschaft, zeigte die Kränkungen auf, wies auf Recht und Vernunft hin. Hatte sie etwa ihre Versprechen nicht gehalten, die sie vor dem Altar im Gotteshaus gegeben hatte? War sie denn nicht stets treu gewesen, sanft, verliebt, gehorsam, keusch, eine gute Ehefrau eben? Warum brach also ihr Partner im geheimen den Lebensbund?

Sie richtete ihre tränenfeuchten verschleierten Augen

auf die Weihnachtskrippe und auf ein leuchtendes Sternchen, das über dem Stall hing und den Blick auf die Heilige Jungfrau und auf ihr göttliches Kind lenkte. Isabel schaute sie lange an, als ihr plötzlich ein stechender Schmerz wie ein Messer durch die Brust fuhr. »Verlange keine Rechenschaft...«, schienen ihr die Figuren zu sagen, »klage nicht..., du hast deinem Gatten nur die Hälfte eines trauten Heims gegeben; du hast ihm kein Kind geschenkt...«

Die Frau stand eine Viertelstunde lang da, ohne die Weihnachtskrippe zu sehen, denn in der Finsternis ihrer Pein sah sie nur, was jeder Mensch in entscheidenden Augenblicken seines Daseins mit grausamer Deutlichkeit sieht: sein Versagen, den Riß in seinem Dasein, wo das Unheil hereinbrechen mußte... Sie seufzte tief auf, wie um ihre ganze Schwermut zu verscheuchen, und beruhigte sich nach und nach; ihre Aufgabe war, sich abzufinden, das Angenehme zu genießen und sanft und bestimmt das Bittere wegzuschieben. »Das Christkind sagt mir, daß ich richtig gehandelt habe, ganz richtig...«

Ihre Lippen lächelten wieder, aber ihre Augen weinten noch, auch wenn die Tränen nicht mehr flossen. In eben diesem Augenblick hallten kräftige Tritte durch den Flur, und herein kam Julio Revenga. »Was bedeutet das?« fragte er seine Frau in scherzhaft verwundertem Ton, »hast du dir zum Vergnügen eine Weihnachtskrippe aufgestellt?«

»Nicht zu meinem Vergnügen«, antwortete Isabel bedeutsam und schon ganz heiter, »meine Knochen sind schon zu alt, als daß ich mich noch mit Krippenfiguren vergnügen könnte... Sie ist dazu da, um ein Kind zu vergnügen...!«

»Ein Kind!« wiederholte mechanisch der Ehemann. »Es wird doch wohl nicht unser Kind sein!« fügte er hinzu, ohne weiter zu überlegen, und vielleicht entsprach das seinem geheimen Sorgen und Sehnen.

»Was weißt denn du!« murmelte Isabel gelassen.

Revenga war bestimmt bleich geworden. Er senkte

den Kopf und wandte das Gesicht ab. Solche Worte weckten ein seltsames Echo in seinem Gemüt. Wie doch Isabel diesen einfachen Satz ausgesprochen hatte!

»Ich verstehe nicht...«, stammelte der untreue Ehemann mit eigenartigen Vorahnungen und seltsamen Vermutungen.

»Gleich wirst du verstehen... Hast du keine Kinder, Julio?« fragte sie mit überschwenglich huldvollem Mitgefühl, aber ungewollt mischte sich Geringschätzung bei.

Er antwortete nicht, sank auf die niedrige samtbeschlagene Bank vor der Krippe und saß vornübergebeugt fast kniend da. Die Welt stürzte auf ihn herab. Was er erahnte, war unermeßlich, unglaublich! Er wollte um Verzeihung bitten, sich entschuldigen, erklären...; aber seine Stimme versagte. Isabel trat zu ihm hin, noch ganz im Banne ihrer Empörung, aber herrlich in ihrer Großmut, und schlang ihm die Arme um den Hals: »Sprechen wir nicht mehr von der Sache... Beruhige dich... Schließlich waren wir doch recht einsam ohne Kinder, und manchmal war es langweilig still in unserm großen Haus. Meine Sehnsucht nach einem Kind war sehr, sehr groß, weißt du? Ich habe es dir nie gesagt, um dich nicht traurig zu machen. Vierzehn Jahre sind wir verheiratet, somit ist wohl die Hoffnung... Was läßt sich da tun! Nicht wir entscheiden über diese Dinge... Komm, Julio, Liebster, nimm es nicht so schwer... Freue dich! Heute ist uns ein Kind geboren!«

Revenga küßte wortlos die Hände seiner Frau, überschüttete ihr Gesicht, ihr Kleid mit Küssen. Er zitterte, mehr wegen seines schlechten Gewissens und aus Scham – man muß es ihm zugute halten – als aus

Freude. Endlich öffneten sich seine Lippen, und immer wieder brach es aus ihm hervor: »Wie hast du es erfahren...? Schau, ich sehe diese Frau nicht mehr... ich schwöre dir, ich sehe sie nicht mehr... Ich schwöre dir, sie bedeutet mir nichts, ich verachte sie, ich...«

»Ich bin über alles im Bild«, antwortete Isabel ein wenig geringschätzig und doch beruhigend: »Es ist mir bekannt, daß du sie weder ansiehst noch anhörst. Aus Rache, daß du sie verlassen hast, kam sie, um mich ›über alles zu unterrichten...‹, und um ihre Vergeltung voll zu machen, mir das Mädchen zu schicken... Und da sie es mir schon gebracht hat... Donnerwetter! habe ich es nicht mehr hergegeben. Es ist in meiner Obhut, weißt du...? Wir anerkennen es, bringen die Papiere in Ordnung. Diese Frau soll keinerlei Anspruch mehr haben...«

Als die Gatten sich aus einer neuerlichen Umarmung wieder gelöst hatten, sagte Revenga: »Bring mir das Mädchen... ich kenne es noch gar nicht...«

Ramón del Valle-Inclán

Heiligabend

Es war im galicischen Bergland. Damals hatte ich Lateinunterricht beim Pfarrer von Céltigos. Ich mußte im Pfarrhaus nachsitzen. Immer noch sehe ich mich weinend und stöhnend in der Fensternische lehnen. Lautlos fielen meine Tränen auf das Grammatikbuch, das offen auf der Brüstung lag. Es war Heiligabend, und zur Strafe sollte ich mein Nachtessen erst bekommen, wenn ich das schreckliche Verb »fero«, »fers«, »ferre«, »tuli«, »latum« konjugieren konnte.

Schon hatte ich alle Hoffnung aufgegeben, es fertigzubringen, und fand mich damit ab, wie ein heiliger Einsiedler zu fasten. Ich vertrieb mir die Zeit damit, in den Garten hinauszuschauen, wo eine Amsel in einem hundertjährigen Nußbaum singend von Zweig zu Zweig hüpfte. Die schweren bleigrauen Wolken zogen sich über der Sierra von Céltigos zu einem Gewitter zusammen, und die Hirten in ihren Kapuzenpelerinen trieben mit lauten Rufen ihre Herden eilends die Bergwege hinunter. Ein Regenbogen spannte sich über den Garten, und die nassen Blätter der dunklen Nußbäume und der grünen Myrtensträucher schienen in einem orangefarbenen Lichtstrahl sanft zu beben. In der Dämmerung ging der Pfarrer durch den Garten. Gebeugt schritt er unter einem großen blauen Regenschirm zum Gartentor und drehte sich dort um. Als er mich am Fenster erblickte, winkte er mich mit der Hand zu sich. Zitternd ging ich hinunter. Er fragte mich: »Kannst du es jetzt?«

»Nein, Herr Pfarrer.«

»Warum nicht?«

»Es ist zu schwer.«

Der Herr Pfarrer lächelte gütig: »Gut, also, du kannst es morgen lernen. Begleite mich jetzt zur Kirche.«

Er nahm mich bei der Hand und zog mich unter seinen Schirm, denn es hatte leicht zu regnen begonnen. So gingen wir nebeneinander her. Die Kirche war ganz in der Nähe. Sie hatte ein flaches Portal in romanischem Stil, und wie der Erzpriester sagte, ging ihre Gründung auf die Königin Urraca zurück. Wir traten ein. Ich blieb allein im Vorraum, während Hochwürden in der Sakristei mit dem Altardiener redete und ihm ans Herz legte, für die Mitternachtsmesse ja alles schön bereitzuhalten. Wenig später gingen wir wieder hinaus. Es hatte aufgehört zu regnen, und hell stand die bleiche Mondsichel am düsteren Winterhimmel. Der Weg war dunkel; es war ein steiniger Reitweg mit großen Wasserpfützen. Von Zeit zu Zeit sahen wir einen Bauernjungen aus dem Dorf, der sein müdes Joch Ochsen gemächlich daraus saufen ließ. Die Hirten, die mit ihren Herden von den Weiden kamen, trieben ihre Schafe in den Wegbiegungen auf eine Seite, um uns vorbeizulassen. Alle grüßten ehrerbietig: »Gelobt sei Gott!«

»Gelobt sei Jesus Christus!«

»Gott behüte den hochwürdigen Herrn und seinen Begleiter.« – »Amen.«

Als wir zum Pfarrhaus kamen, war es schon finstere Nacht. Micaela, die Nichte des Erzpriesters, war in der Küche mit der Zubereitung des Nachtessens beschäftigt. Wir setzten uns in der Nähe des Herdfeuers an den Tisch. Micaela lächelte mir zu: »Heute wird nicht gelernt, nicht wahr?«

»Nein, heute nicht.«

»Das verflixte Latein, nicht wahr?«

»Ja, wahrhaftig.«

Der Pfarrherr fuhr streng dazwischen: »Wißt ihr denn nicht, daß das Latein die Sprache der Kirche ist...?« Eben wollte er Luft holen und zu einer langen Rede voll theologischer Weisheit ansetzen, als man unter dem Fenster fröhliches Muschelgeklapper und lärmiges Tamburingeschelle hörte. Eine Stimme sang im Finstern:

»Wir kommen gegangen,
wir stehen nun hier,
erlaubt uns, ihr Leute,
zu singen allhier.«

Hochwürden stand selbst auf, um ihnen die Tür zu öffnen, und ein ganzer Schwarm Kinder ergoß sich in die immer gastliche Pfarrküche. Sie waren aus einem weit entfernten Dorf gekommen und sangen nun mit Schellentrommelbegleitung:

»Geht auf den Zehen,
und redet ganz leis,
weckt nicht das Kindchen,
das Jesulein klein.

O Jesulein klein,
O Jesulein fein,
mußt frieren im Stroh,
hast nur ein Windelein.«

Einen Augenblick wurde es still, dann klapperten wieder fröhlich die Muscheln, die Schellentrommeln jubilierten, und sie sangen weiter:

»Ich komme vom Land,
bin nur ein häßlicher Wicht,
sonst küßt' ich das Kindchen
in sein süßes Gesicht.

Kommt weg, wir gehn heim,
sanft schlummert das Kind,
weckt Jesus nicht auf,
kommt heimzu geschwind!«

Nach diesem Lied tranken sie ausgiebig vom frischen, herben und gesunden Wein, der von des Erzpriesters eigenen Reben stammte, und nachdem sie sich gebührend gestärkt und gewärmt hatten, gingen sie unter Schellengeklingel und Muschelgeklapper wieder weg. Noch hörten wir ihre Holzschuhe auf den Treppenstufen zum Hof hinunter klappern, als eine Stimme anhob:

»Dieses Haus ist aus Stein,
drin ist der Teufel versteckt,
denn da geht der hochwürdige Herr
mit seiner Nichte ins Bett.«

Als der Erzpriester diesen Spottvers hörte, zog er die Brauen zusammen. Micaela sprang wütend auf, ließ den Kochtopf stehen, worin das klassische Apfelmus dampfte, lief ans Fenster und schrie hinaus: »Lästermäuler...! Ehrabschneider...! Die Wölfe sollen kommen und euch auffressen auf dem Heimweg!«

Der hochwürdige Herr verzog keine Miene, ging in der Küche auf und ab, kappte mit den Fingernägeln eine Zigarre und zerrieb den Tabak zwischen den Handflächen. Dann holte er einen brennenden Span aus dem Herdfeuer und zündete damit seine Zigarre an. Plötzlich heftete er seine Augen unter den buschigen ergrauten Brauen auf mich. Ich zitterte. Mit finsterem Blick sagte der Pfarrherr zu mir: »Was tust du eigentlich hier? Geh und hole das Grammatikbuch.«

Seufzend ging ich hinaus. So endete für mich der Heiligabend im Hause des Erzpriesters von Céltigos. Gott habe ihn selig.

Emilia Pardo Bazán

Der Heilige Abend des Zimmermanns

Beim Einnachten ging José nach Hause. Sein Herz war betrübt: Es schneite darin, wie es auf Dächer und Straßen zu schneien anfing, auf die Bäume und die Spazierwege und auf die granitenen Standbilder der spanischen Könige auf dem Hauptplatz. Grabesschmerz legte sich langsam wie Schneeflocken auf die Seele des arbeitslosen Zimmermanns, der nach Hause zurückkehrte und kein Licht, keine Wärme, kein Essen und keine Hoffnung mitbringen konnte.

Als er die Treppe hinaufging und seiner Behausung näher kam, fühlte er sich so mutlos, daß er sich auf eine Treppenstufe fallen ließ und entschlossen war, den Rest der Freudennacht dort zuzubringen. Es war die eiskalte und enge Treppe eines Mehrfamilienhauses, in dessen unteren beiden Stockwerken reiche Leute wohnten; im dritten und vierten hingegen und im Dachstock hausten Handwerker und Bedürftige. Eine Gaslampe beleuchtete das Treppenhaus bis zum zweiten Stockwerk; von dort an aufwärts wurde es immer dunkler und stickiger, und es roch wie aus einem schmutzigen Sodbrunnen. Nie hatte der trostlose Anblick der Treppe José so bedrückt wie heute. Zum erstenmal wich er zurück und hatte Angst, an seine eigene Wohnungstür zu klopfen. Was brachte er schon für eine frohe Botschaft heim!

Er hatte die Knie hochgezogen und die Ellbogen darauf gestützt, fest preßten sich seine Fäuste ins Gesicht;

zitternd vor Kälte saß der Zimmermann da, dachte über die Hintergründe seiner Verzweiflung nach und stocherte im bitteren Bodensatz seines Zorns auf alles und auf alle. Ein Hund, Abfall, wer im Schweiße seines Angesichts sein Brot verdienen muß! Im Sommer immer nur Zwiebeln, denn in der brennenden Hitze verreisen die Reichen ans Meer zur Erfrischung. Zu Weihnachten wieder Zwiebeln, denn bei Kälte will niemand bauen, und außerdem reicht das Geld kaum für Eichenholz zum Feuern und für Pelzmäntel zum Ausgehen. Ja und? Braucht etwa der Zimmermann nichts zu essen in der Sommerglut, und braucht er keine Kohle und keine Einkünfte im Winterfrost? Der Meister in der Werkstatt hatte den Kopf geschüttelt und gesagt: »Was soll ich tun, lieber Mann, ich kann keine Locken drehen, wo kein Haar ist... Nicht einmal der Herrgott selbst bekäme einen Auftrag... Du weißt ja, daß ich vor dir schon drei andere entlassen habe... Aber meine Neffen, die Söhne meiner Schwester, kann ich nicht entlassen... verstehst du? Ich behalte nur noch sie... Suche dir anderswo ein Auskommen... Laß dir etwas einfallen...« Sich etwas einfallen lassen! Wie soll sich einer etwas einfallen lassen, der nur Holz bearbeiten kann und niemanden findet, der eine solche Arbeit von ihm will?

Schon einen Monat lang war José arbeitslos. Was für mühsame Tage, wenn er in Madrid umherging und Beschäftigung suchte! Vom einen Ort schickte man ihn mit Worten des Bedauerns und ungewissen Versprechungen weg, vom andern mit trockener Härte, sogar unverhohlenem Spott... »Arbeit! In diesem Jahr gibt es für niemanden Arbeit...«, antworteten die Zimmermannsmeister wütend und schlechtgelaunt oder traurig und niedergeschlagen. Allerorts die gleiche Klage über Entbehrung und Bedrängnis, allerorts seufzte man über das gleiche Elend: Krieg, Zusammenbruch, Krankheit, Aufruhr, Schicksalsschläge, Angst, schmale Beutel... José ging von Tür zu Tür und bettelte um Arbeit, wie man um Almosen bettelt, und jeden Abend kam er mit mürrischem Gesicht und gerunzelter Stirn nach Hause und antwortete auf immer dieselbe Frage seiner Frau mit immer demselben Schulterzucken, das ganz klar bedeutete: »Nein, immer noch nichts!«

Die Unglückssträhne erwischte sie, als sie wegen der langen Krankheit ihrer ältesten Tochter wie ausgeblutet waren: Felisa hatte Typhus gehabt, war noch nicht ganz genesen und brauchte gehaltvolle Nahrung; eine Kommode und zwei Wollmatratzen nahmen, kaum angeschafft, gleich wieder den Weg ins Pfandhaus. Als José daraufhin die rückständige Miete für ein Vierteljahr in einem Mal zahlte, mußte er vom Verwalter hören, er dulde keinen weiteren Rückstand mehr, und bei der ersten Nachlässigkeit stelle er ihn samt seinen Habseligkeiten auf die Straße... Unter solchen Umständen bedeutete ein Monat Arbeitslosigkeit sofort Hunger und die Faust im Genick für den Rest des kommenden Jahres. Hunger in einer großen Familie! Niemand kann sich vorstellen, wie qualvoll es für einen Vater ist, der mit Futter im Schnabel zum Nest seiner Lieben kommen sollte, statt dessen mit leerem Schnabel, nassen Federn und hängenden Flügeln heimzukehren... Jedesmal, wenn José anklopfte und in seine Dachwohnung trat, spürte er, wie die Kälte der nackten Steinfliesen und der Frost des erloschenen Herdes sein Gemüt mit noch größerer Gewalt erfaßten; denn der Winter ist ein schlimmer Verbündeter des Hungers, und tausendmal heftiger beißt bei leerem Magen der Nordwind, wenn er durch die Ritzen dringt und wildes Katzengeschrei hereinträgt...

José saß da und grübelte. Nein, er durfte nicht über jene Schwelle treten, ohne den Seinen, die hungrig und geschwächt drinnen auf ihn warteten, etwas mitzubringen – wenn schon nicht die zu Weihnachten üblichen Süßigkeiten und Geschenke, so doch wenigstens etwas, was ihren matten Blick erhellte und sie zuversichtlich stimmte. Ratlos blieb er sitzen – ein Zustand, der wahre Seelenkrisen auslösen kann – und der Gedanke an alle die festverwurzelten Bräuche und Überlieferungen bedrückte ihn noch mehr. José war ein ehrbarer Mann; keinem verbrecherischen Vorhaben gewährte er Einlaß, nicht einmal in dieser Zeit der Prüfung; eher würden ihm die Hände abfallen, als daß er sie nach fremdem Gut ausstreckte; sein Anstand hatte etwas Instinktives, doch nun verunsicherte und verwirrte ihn das Gewissen, das diesem Anstand beinahe Vorwürfe machte. Stehlen würde er nie und nimmer... aber genau besehen: Waren Leute, die unter ahnlichen Umständen wie er einen Diebstahl begingen, wirklich so schuldig, wie es den Anschein hatte? Er allerdings hatte keine Lust, sich zu schämen, das häßliche Wort »Dieb« zu ertragen; schon einige Stunden Gefängnis würden ihn das Leben kosten und er würde sterben vor Wut, vor Schmach. Wenn aber jemand nicht unter Gewissensbissen litt und irgendeine Dummheit beging, um für Frau und Kinder den Lebensunterhalt zu sichern... wäre der nicht im Recht? Wer weiß, ob das nicht sogar bessere Ehemänner und bessere Väter waren? Er hingegen gab den Seinen nur Not und Tränen...

Er seufzte auf, grub die Finger ins Haar und schaute stumpfsinnig vor Bitternis hinunter zum beleuchteten Teil des Treppenhauses. Dort unten war reger Betrieb, dauerndes Türöffnen, Diener, und Ausläufer eilten treppauf und treppab und brachten Pakete, Glückwunschkarten, Tablette – die letzten Vorbereitungen für das Weihnachtsessen: Turrón wurde vom Spezialgeschäft gebracht, der Konditor schickte eine große Biskuittorte, vom Freund kommen sechs Flaschen süßen Jerezweins und rote Granatäpfel, ein Geschenk, das vom Jubel der Familie begleitet wird. Einzig die Tür der greisen Witwe, der frommen Doña Amparo, war noch kein einziges Mal aufgegangen: Da hörte man plötzlich Lärm, und ein ganzes Rudel Kinder hängte sich an die Türglocke; es waren die Nichten und Neffen der alten Frau, ihre einzige Liebe, ihre Schwäche, ihr Schatz... Wie ein Schwarm Vögel in einen Tempel, so stürmten sie in die Wohnung, und das bis dahin stille Haus füllte sich mit Gerenne, Gelärme und Gelächter. Kurz darauf trat die alte Magd, eine fromme Frau wie ihre Herrin, auf den Treppenabsatz hinaus und rief mit scheppernder Stimme: »Don José, hallo, ist Don José da? Kommen Sie doch herunter, ich habe einen Auftrag für Sie!«

In Augenblicken der Verzweiflung ist uns jeder Anruf des Lebens schon Hilfe und Trost. Wer die Fenster schließt und einen Kohleofen heizt, um sich zu erstikken, wird weich, wenn er Geräusche von der Straße hört, den Nachklang einer Straßenmusik, das Gebell eines streunenden Hundes... José fuhr auf, sprang die Treppe hinunter und antwortete heiser vor Erregung: »Hier bin ich, Señora Baltasara, hier bin ich...!«

»Kommen Sie herein...«, murmelte die alte Magd,

»wenn Sie gerade nichts zu tun haben, bitte ich Sie, uns die Weihnachtskrippe aufzustellen, denn die Kinder sind gekommen, und wenn meine Herrin sie um sich hat, ist sie außer sich vor Freude und hat nur noch Augen und Ohren für sie...«

»Ich hole gleich mein Werkzeug«, antwortete der Zimmermann, bleich vor Freude.

»Nicht nötig, Hammer und Zange haben wir hier, und Nägel sind noch vom letzten Jahr übriggeblieben, und da ich alles aufbewahre, habe ich sie beiseite gelegt...« José trat in die Wohnung, die von den Kindern in Beschlag genommen war, und ging in das Kämmerchen, wo überall verstreut die Krippenfiguren und die Bretter für das Gestell herumlagen. Inmitten des fröhlichen Kinderlärms legte sich der Zimmermann seinen Arbeitsplan zurecht. Mit welchem Genuß schwang er den Hammer, setzte er die Nagelspitze und schlug sie ins Holz, bis der Nagel festsaß! Wie neugeboren fühlte er sich, Schwung und Kraft durchströmten ihn, als er nach so langer Zeit wieder einmal sein Werkzeug in der Hand hielt! Stück um Stück und Brett um Brett fügte er zusammen und baute die Plattform auf, wo nachher die bemalten Kartontürmchen von Bethlehem, die Moosweiden und die liebenswert unbeholfenen Tonfiguren prangen sollten. Die Kinder beobachteten aufmerksam die Arbeit des Zimmermanns: Kein Hammerschlag entging ihnen, sie stellten Fragen, äußerten ihre Meinung, beklatschten und bejubelten jeden Fortschritt des Werks. Inzwischen hängte Doña Amparo Gebilde aus Bronze und Glas an die Wand und steckte die Kerzen auf. Die Dienstboten gingen geschäftig ein und aus und machten zufriedene Gesichter. Draußen schneite es, aber niemand achtete darauf; der Schnee, der Leiden und Elend verschlimmert, steigert auch die Behaglichkeit im trauten warmen Heim. José setzte Bretter zusammen, schlug Nägel ein und wurde mit seiner Arbeit rasch fertig; dabei war er in eine Art Verzückung geraten, eine Reaktion auf seine Niedergeschlagenheit und Verzweiflung einige Augenblicke vorher...

Als die Weihnachtskrippe fertig aufgebaut und José ein letztes Mal rundherum gegangen war, um sein Werk zu begutachten, wie es jeder richtige Handwerker tut, bedeutete ihm Doña Amparo – vor Erschöpfung bekam sie fast keine Luft mehr –, ihr zu folgen, führte ihn in ihr Kabinett und ließ ihn dort eine kurze Weile allein. Unwillkürlich blieben Josés Augen auf den Möbeln und dem Zimmerschmuck haften – die Ausstattung war weder aufwendig noch dürftig –, und vom ersten Augenblick an fesselte ihn eine Holzfigur auf einer Konsole, die von einem feinen Kristallämpchen beleuchtet war. Es war eine moderne Schnitzerarbeit – ohne große Kunstfertigkeit, aber doch recht ausdrucksvoll – und stellte den heiligen Josef dar. Der Heilige hielt nicht wie üblich das Jesuskind in den Armen oder an der Hand, sondern stand mit der Zimmermannsaxt an der Werkbank und zeigte dem kleinen Jesus, der mit lächelndem Gesicht zuschaute, das Gesetz der Arbeit, das höchste Gesetz auf dieser Welt. José war ganz ergriffen davon, er glaubte, das Bild spreche zu ihm, sage ihm tröstliche Worte voll unendlicher Liebe, so wie er sie noch nie vernommen hatte. Als Doña Amparo wieder hereinkam und zwei Fünfpesetenstücke in seine Hand gleiten ließ, schaute der Zimmermann, anstatt ihr zu danken, erst seine Wohltäterin und dann das Bildwerk an. Die beredte Sprache seiner Blicke beantwortete die der alten Frau, welche in der Seele des unglücklichen Mannes, der von dem Monat bangen Hoffens und bitterer Enttäuschung körperlich und seelisch ganz erdrückt war, wie in einem Buch las. Obwohl Doña Amparo es gewohnt war, Armen zu helfen, spürte sie einen Stich im Herzen; die Not, welche sie außerhalb des Hauses suchte, wenn sie in elende Dachkammern hinaufstieg, war da keine zwei Schritte von ihr, verschämt und verschwiegen zwar, aber übermächtig und bitter. Sie hob den Blick nochmals zum Standbild des Heiligen der Arbeit, hüstelte und sagte gütig zum Zimmermann: »Gleich wird Ihnen das Essen in die Wohnung hinaufgebracht, damit Sie mit den Ihren Weihnacht feiern können.«

José Martínez Ruiz, »Azorín«

Das erste Wunder

In Bethlehem, im Jahre Eins
der christlichen Zeitrechnung.

Der Abend neigt sich; die letzten Strahlen der untergehenden Sonne stehlen sich durch das enge Kellerfensterchen. Alles ist still. Die Hände des alten Mannes wühlen in einem Haufen blitzender Goldstücke auf dem Tisch wie in einer weichen Masse. Der alte Mann hat einen langen grauen Bart; die Augen liegen tief in den Höhlen. Allmählich verglimmt das letzte Sonnenlicht; durch den Lichtschacht dringt nur noch schwach ein heller Schein in den Keller. Die Münzen verschwinden wieder in der starken festen Truhe. Der alte Mann schließt die Tür mit einem Riegel, mit noch einem Riegel, mit einem Ösenbolzen, mit mehreren Eisenstäben, dann geht er langsam die enge Treppe hinauf. Schon ist er im Haus angelangt. Das Haus steht am Rande des Städtchens mitten in einem großen Obstgarten; auf einer Seite ist die Unterkunft für die Landarbeiter und die Dienstboten angebaut. Gemächlich schreitet der alte Mann durch das Haus; sein Zeigefinger – sein rechter – streicht immer wieder über die Hakennase. In einem Flur hat er eine offene Tür gesehen; er hat befohlen, daß diese Tür immer geschlossen bleibe. Der Alte hält kurz inne; plötzlich schrillt seine Stimme durch das Haus; die Wut steigt in ihm hoch; ein Diener kommt eilends herbei; der Alte schimpft ihn aus, geht auf ihn zu und schreit ihm mitten ins Gesicht; der Diener zittert, stammelt Worte der Entschuldigung. Der Greis mit dem langen Bart setzt seinen Weg fort. Auf einmal hält er wieder inne; auf einem Möbel hat er einige Brosamen gesehen; die Sache ist unerhört. Der Alte traut seinen Augen nicht. Auf diese Weise brächten sie es noch fertig, seine ganze Habe zu verschleudern, seinen ganzen Hof zugrunde zu richten. Kein Zweifel: Hier haben sie Brot gegessen – natürlich Brot aus der Vorratskammer – und haben Brosamen fallen lassen. Jetzt ist seine Wut schrecklich. Das Haus wackelt bei seinem Geschrei; seine Frau, die Kinder, Knechte und Mägde, alles, alles eilt herbei und steht zitternd, angstvoll, mit hängenden Köpfen und betretenen Gesichtern um ihn herum. Der Alte schreit weiter und schimpft und flucht und verdammt.

Es wird Zeit für das Nachtessen. Vorher hat der Alte mit den Aufsehern gesprochen, die jeden Abend von den nahen Meierhöfen herüberkommen. Alle haben sie ihm über den Tagesverlauf Rechenschaft abzulegen – haargenau bis in alle Einzelheiten. Nie kann der Alte zu Bett gehen, bevor er nicht zuverlässig weiß, wofür eine auch noch so kleine Geldsumme ausgegeben worden ist und was alle seine Bediensteten Minute für Minute getan haben. Der Bericht der Landarbeiter und Verwalter wird immer wieder vom Gebrüll und Gefluche des Alten unterbrochen. Alle haben entsetzliche Angst vor ihm.

Der Hirt hat sich heute ein wenig verspätet. Der Hirt kommt jeden Abend von den Weiden vor dem Städtchen, kurz bevor sich der Alte zu Tisch setzt. Der Hirt weidet ein paar Ziegen und eine kleine Schafherde. Wenn er am Abend heimkommt, sperrt er seine Tiere in einen Pferch im Garten und stellt sich seinem Herrn für den Rechenschaftsbericht über sein Tagewerk. Der Alte hat sich, bereits recht ungeduldig geworden, an den Tisch gesetzt. Die Verspätung des Hirten bringt ihn aus der Fassung. Die Sache ist allerdings befremdlich. Einen Diener, der ihm das Essen zu spät aufträgt – nur eine Minute zu spät – schreit der Alte maßlos an. Der Diener erschrickt; ein Teller fällt zu Boden; die Frau und die Kinder entsetzen sich; angesichts dieser Katastrophe – des heruntergefallenen Tellers – wird vom erbosten, zornigen, rasenden Gebrüll des Greises bestimmt noch das Haus einstürzen. Eine halbe Stunde lang dauert der Tobsuchtsanfall. Der Hirt erscheint in der Tür; er macht ein Gesicht, als würde er zur Hinrichtung geführt; zu einem unpassenden Zeitpunkt ist er gekommen, um seinen Tagesbericht abzustatten. »Ist irgend etwas geschehen?« fragt der Alte den Hirten.

Der Hirt zögert einen Augenblick mit der Antwort; mit dem Hut in der Hand schaut er gedankenverloren, unschlüssig seinen Herrn an: »Geschehen, ja, eigentlich geschehen…«, sagt er schließlich, »geschehen ist nichts…«

»Wenn du so redest, dann ist eben doch etwas geschehen…«

»Geschehen, ja, eigentlich geschehen…«, wiederholt der Hirt und dreht den Hut in der Hand.

»Ihr seid doch Schwachköpfe, einfältige Trottel! Könnt ihr eigentlich nicht reden? Hast du denn keine Zunge? Los, rede…«

Mit zitternder Stimme redet der Hirt. Es sei nichts geschehen, es habe sich den Tag über nichts Neues zugetragen. Die Schafe und Ziegen hätten wie immer in der Nähe des Städtchens geweidet. Den Schafen und

Ziegen gehe es ausgezeichnet; sie hätten genug gefressen; ja, doch, sie hätten geweidet wie jeden Tag... Der Alte wird ungeduldig: »Wirst du nun endlich reden, du Trottel!« brüllt er ihn wutentbrannt an.

Der Hirt sagt nochmals und immer wieder, daß nichts geschehen sei. Nein, es sei wirklich nichts geschehen; aber im Stall beim Dreschplatz vor dem Städtchen – Stall und Dreschplatz gehören zum Gut seines Herrn – habe er auf dem Heimweg von der Weide etwas gesehen, was er noch nie zuvor gesehen habe. Er habe gesehen, daß Leute im Stall waren.

Als der Alte diese Worte hört, fährt er zusammen. Er kann nicht mehr an sich halten, steht auf, geht auf den Hirten zu und herrscht ihn an: »Leute im Stall? Im Stall beim Dreschplatz? Aber... aber gibt es denn keine Achtung mehr vor dem Eigentum? Habt ihr euch eigentlich alle verschworen, mich zugrunde zu richten?«

Der Stall, das sind vier halb verfallene Wände; die Tür – das wurmstichige Holz hält nicht mehr in den Angeln – läßt sich leicht öffnen; ein Fensterchen in der hinteren Wand geht auf den Dreschplatz hinaus. Leute waren also in den Stall hineingegangen, hatten sich darin niedergelassen, wollten wohl die Nacht drinnen zubringen, wohnten vielleicht schon seit Tagen dort! Und das alles auf dem Gut des Alten, in seinem unantastbaren Eigentum! Ohne ihn um Erlaubnis zu fragen! Jetzt wird das Zornesgewitter erst richtig heftig, so heftig und gewaltig wie nie zuvor. Ja, ja, tatsächlich, alle haben sich verschworen, ihn, den armen Greis, zugrunde zu richten; lauter pflichtvergessene, liederliche Vergeuder, niemand, der sich um den Gutsbetrieb kümmert, alle haben es darauf abgesehen, diesen alten Mann in Armut und Elend zu stürzen. Der jetzige Zwischenfall ist furchtbar; noch nie ist so etwas vorgekommen; noch nie ist jemand in das Besitztum dieses alten Herrn eingedrungen, weder in ein Grundstück, noch in ein Gebäude.

Angesichts dieses unerhörten Vorfalls beschließt der alte Herr, sich von der Freveltat selbst zu überzeugen, die Sache in Ordnung zu bringen und das hergelaufene Gesindel aus dem Stall zu werfen.

»Was für Leute waren es?« fragt er den Hirten.

»Nun, es waren... es waren...«, antwortet der Hirt zögernd, »es waren ein Mann und eine Frau.«

»Ein Mann und eine Frau? Nun denn, ihr sollt sehen!«

Der alte Mann mit dem langen Bart hat seinen Hut aufgesetzt, seinen Stock an die Hand genommen und sich auf den Weg zum Dreschplatz vor dem Städtchen begeben.

Die Nacht ist makellos klar und hell; die Sterne glitzern am Himmel wie vorher die Goldmünzen in der Sonne. Alles ist ruhig und friedlich; wohltuend und tief ist die Stille. Der Alte ist allein auf dem Weg; er ist außer sich, zittert vor Wut. Hart setzt er den Stock auf dem Boden auf. Die Umrisse des Stalls zeichnen sich in der Ferne vor dem hellen Dreschplatz und dem dunkelblauen Himmel ab. Bald langt der Alte bei den verfallenen Wänden an. Die Tür ist zu. Die linke Hand des Alten streicht immer wieder durch den langen Bart. Er will nicht so plötzlich eintreten. Einen Augenblick steht er unschlüssig da, dann geht er langsam zum Fensterchen auf der andern Seite beim Dreschplatz. Drinnen verbreitet sich strahlende Helle. Der Alte will mit seinem Gesicht ganz am Fenster sein. Seine lebhaften Äuglein gucken schon durch die enge Öffnung. Sein

Blick dringt ins Innere. Plötzlich entfährt dem Alten ein Schrei, ein Schrei, den er eine Sekunde später mit Mühe unterdrückt. Die Überraschung hat die Bewegungen des Alten gelähmt. Auf die Überraschung folgt die Bewunderung; auf die Bewunderung die Verblüffung bis zuallerinnerst. Der ganze Körper des Alten ist vollständig starr an der Wand festgenagelt. Sein Atem geht keuchend. Noch nie hat er gesehen, was er jetzt sieht; was der Greis jetzt erblickt, hat zweifellos noch nie ein menschliches Auge wahrgenommen. Der Blick des Alten heftet sich fest auf das Innere des Stalls. Minuten verstreichen, Stunden verstreichen unmerklich. Das Schauspiel ist wunderbar, erstaunlich. Wieviel Zeit ist schon vergangen? Wie überhaupt die Zeit messen bei einem so einzigartigen Schauspiel? Der Greis hat den Eindruck, es seien viele Stunden, viele Tage, viele Jahre verflossen... Die Zeit wird bedeutungslos bei diesem Wunder, das auf der Welt einmalig ist.

Nachdenklich und in sich gekehrt geht der Alte langsam nach Hause zurück. Es hat eine Weile gedauert, bis ihm die Tür geöffnet wurde. Er hat nichts gesagt. Drinnen im Haus hat eine Magd die Kerze fallen lassen, mit der sie ihm leuchten wollte, und er äußert nicht den leisesten Vorwurf. Traumverloren schreitet er mit gesenktem Kopf wie ein Gespenst durch den Flur. Seine Frau hat im Wohnzimmer auf ihn gewartet; mit einer unbedachten Bewegung hat sie ein Möbel umgestoßen; einige Tonfigürchen sind zu Boden gefallen und zerbrochen. Der Greis hat nichts gesagt. Die Überraschung hat die Frau ganz gelähmt. Überraschung und Verwunderung ob der ungewohnten Sanftheit des Alten hat alle im Haus erfaßt. Stumm und in sich gekehrt hat sich der Greis in einen Lehnstuhl sinken lassen. Der

Kopf ist ihm auf die Brust gefallen, und so ist er eine ganze Weile nachdenklich dagesessen. Dann hat man ihn gerufen, wie man einen Schlummernden ruft, und er hat sich sanft und gutmütig ins Schlafzimmer führen und wie ein fügsames Kind auskleiden lassen. Am andern Tag ist der Alte schweigsam und geistesabwesend geblieben; ein paar armen Leuten, die an seine Tür klopften, hat er eine Handvoll Silbermünzen geschenkt. Aus seinem Mund kommt kein einziges zorniges Wort. Die Verblüffung ist bei allen groß. Aus einem wilden Tier hat sich der alte Herr in ein braves Kind verwandelt. Seine Frau und seine Kinder sind tief besorgt; sie können sich diese Wandlung nicht erklären; etwas Schwerwiegendes muß dem Alten widerfahren sein; auf seinem nächtlichen Spaziergang zum Stall beim Dreschplatz muß ihm etwas zugestoßen sein. Die jetzige Sanftheit ist womöglich noch schrecklicher als seine Wutausbrüche von früher; vielleicht ist diese Niedergeschlagenheit der Hinweis auf ein schweres Leiden. Alle blicken argwöhnisch prüfend auf den Greis und beobachten ihn schweigend und beunruhigt. Sie können sich nicht entschließen, ihn zu fragen; er schweigt hartnäckig weiter. Endlich spricht ihn die Frau behutsam und vorsichtig an. Die Unterredung ist lang und ausführlich; der Alte ist aber nicht geneigt, sein Geheimnis preiszugeben. Nach langem Nachfragen und geduldigem Bemühen von seiten der Frau lüftet der Greis endlich sein Geheimnis. Ganz nahe ans Ohr der Frau hat er seine Lippen für die wichtige Eröffnung gelegt. Verblüffung spiegelt sich im Gesicht der Frau. »Drei Könige und ein Kind« entschlüpft es ihr unwillkürlich.

Der Greis bedeutet ihr zu schweigen, indem er den

Zeigefinger auf den Mund legt. Ja, natürlich, die Frau wird schweigen. Sie wird schweigen, aber immer wird sie das gleiche denken, was sie jetzt gerade denkt. Die gute Frau weiß nicht, was schlimmer ist, der frühere Zustand mit den ständigen Zornesausbrüchen oder die jetzige Verrücktheit, ja, Verrücktheit. Drei Könige in einem Stall und ein Kind! Es ist offensichtlich; dem Greis muß auf seinem nächtlichen Spaziergang etwas zugestoßen sein. Allmählich verbreitet sich im Haus die Nachricht, daß die Frau das Geheimnis des Greises kennt; die Kinder befragen die Mutter; die Mutter sträubt sich zu reden; schließlich legt sie die Lippen an das Ohr der Tochter und verrät ihr das Geheimnis des Vaters. Der Überraschungsschrei läßt nicht auf sich warten: »Was für eine Verrücktheit! Der Arme!«

Die Bediensteten erfahren, daß die Kinder die Ursache für das Verstummen ihres Herrn kennen; sie wagen vorläufig nicht, die Kinder zu befragen; eine alte Magd, die schon dreißig Jahre im Haus dient, fragt schließlich die Tochter. Die Tochter legt die Lippen ans Ohr der Greisin und flüstert ihr ein paar Worte zu. »Oh, was für eine Verrücktheit! Armer, armer Herr!« entfährt es auch der Magd.

Nach und nach verbreitet sich die Nachricht im ganzen Haus. Ja, der Herr ist verrückt; er leidet an einer merkwürdigen Geistesstörung; alle schütteln traurig und mitleidig den Kopf, wenn sie von ihrem Herrn sprechen. Drei Könige und ein Kind in einem Stall! Armer Herr!

Der Alte mit dem langen Bart sieht ohne Ungeduld, ohne Erregung, ohne Zornesausbrüche völlig gelassen zu, wie die Tage vergehen. Zur Sanftheit gesellt sich bei ihm nun die Freigebigkeit. Er schenkt von seinem Geld den Armen und Bedürftigen; für alle hat er gütige, verständnisvolle Worte. Alle im Haus schauen ihn verwundert, argwöhnisch und traurig – ja, traurig! – immer wieder lange und mitleidig an. Der Herr ist verrückt geworden; es kann nicht anders sein. Drei Könige in einem Stall! Die Frau sucht beunruhigt einen berühmten Arzt auf. Dieser Arzt ist ein weiser Mann; er kennt die Eigenheiten der einfachen Gemüter, der Steine, der Pflanzen. Als der Arzt das Haus betreten hat, wird er zum Alten geführt; dieser hat den Arzt gewähren lassen; er ist wie ein Kind, ein gefügiges schwaches Kind. Der Arzt hat ihn untersucht; er hat ihn über sein Leben, seine Gewohnheiten, seine Ernährung ausgefragt. Der Greis hat zu allem sanft gelächelt. Lange hat ihn der Arzt ausgefragt, und als er dann das Geheimnis von ihm erfährt, nickt er zustimmend, wie man eben zustimmend nickt, wenn man einen Verrückten nicht verdrießen möchte, der Unsinn daherredet.

»Ja, ja«, sagt der Arzt, »ja, ja, es ist möglich. Ja, ja, drei Könige und ein Kind in einem Stall.«

Wieder nickt er mit dem Kopf. Als er sich im Hauseingang von der Frau verabschiedet, sagt er auf ihre drängenden Fragen hin zu ihr: »Eine durchaus harmlose Verrücktheit; ja, durchaus harmlos. Keine Gefahr; keine besondere Vorsicht nötig. Verrückt ist er schon, das ja, aber ganz harmlos. Krankenkost ist nicht nötig. Warten wir einmal ab...«

Emilia Pardo Bazán

Die Weihnacht des Truthahns

Es gibt nichts Schlimmeres für ein von Natur aus dummes Geschöpf, als plötzlich die Gabe des Verstandes zu erlangen. Wenn ihr es bezweifelt, so will ich euch die Geschichte eines Truthahns erzählen, von dem – hätte er nicht sehr aufgepaßt – nicht einmal mehr die Knochen übriggeblieben wären, denn diese sind Leckerbissen für die Hunde.

Der Truthahn meiner Geschichte hatte immerhin das instinktive Verlangen, sich selbst kennenzulernen, und außerdem wußte er, daß ihm jeglicher Verstand abging. Das ist etwas ziemlich Ungewöhnliches, denn die allermeisten Truthähne halten sich für sehr klug, plustern sich hoffärtig auf und krähen laut, eine so gute Meinung haben sie von sich selbst.

Unserm Truthahn hingegen war es klar – ebenso wie es der Trappe klar ist, daß ihre Jungen schwer fliegen lernen –, daß ihn gar nichts mit Salomons Weisheit verband, daß er vom Tag seiner Geburt an hoffnungslos dumm war. Da nun einmal die Zuflucht für die Dummen die Demut ist (oder besser gesagt, sein sollte), so beschloß unser Puter, den, der mehr war als er und als wir alle, zu bitten, in ihm über Nacht Begabung keimen zu lassen. Seine Bitte richtete sich an das Jesuskind, das im Hause, zu dem ein Geflügelhof gehörte, sehr verehrt wurde. Er wußte, daß das Jesuskind alle beschützen kann, die zu ihm beten, und er wußte auch, daß es der Frau Carmela, der Geflügelwärterin, mehr als einmal in schwerer Not geholfen hatte. Außerdem lud das göttliche Kind geradezu ein, daß man eine Gunst von ihm erflehte, so süß und so gütig sah es aus. Der Truthahn ließ seinen Kamm hängen, senkte die Augen unter der blauen Schutzmembran und trat vor den Schrein: Da stand das Kind in seinem vergilbten Seidenkleidchen, hielt die kleine silberne Weltkugel mit dem Kreuz oben darauf in der Hand und verströmte die Gnade seines lächelnden Antlitzes und seiner gütigen Glasaugen über das Haus und seine frommen Bewohner. Das Jesuskind erinnerte sich, daß der heilige Franz von Assisi die vernunftlosen Geschöpfe als seine minderen Brüder betrachtet hatte, fühlte Zuneigung zu dem Federvieh, das dazu bestimmt war, die Gaumenlust der Menschen zu befriedigen, und wollte seine Bitte erhören. Schon senkte es zum Zeichen der Gewährung das mollige Kinderhändchen, aber als es erfuhr, was der Puter sich da wünschte, da ging die Hand wieder in die Höhe, und das Jesuskind sagte zu ihm: »Hast du dir auch gut überlegt, was du von mir erbittest?«

Da der Puter auf seinem Wunsch beharrte, fragte das Kind nochmals nach. Verstand ist schließlich für einen Puter, was Schönheit für eine Miesmuschel: eine unnütze, womöglich sogar eine verhängnisvolle Gabe! Aber der Bittsteller blieb dabei: Er wollte unbedingt die Eigenschaft auch besitzen, die bei den Menschen so gelobt wurde! Da erfüllte Jesus seinen Wunsch…

Der Truthahn hatte den Eindruck, in seinem Kopf werde ein helles Licht angezündet. Er sah alles viel schärfer und deutlicher: Er war nur ein törichtes Federvieh, das in einem Hühnerhof gehalten wurde, jeden Tag sein Futter hingestreut bekam und keine andere

Arbeit oder Aufgabe hatte, als faul zu sein und fett zu werden. Seinen Artgenossen, allen übrigen Putern, erging es gleich wie ihm, nur stellten sie keinerlei weitere Ermittlungen an, pickten fleißig Körner, fraßen Kleiebrei, gackerten zufrieden, schlugen das Rad, umwarben die Weibchen und schliefen lang und behaglich im warmen Stall, wo sie in der Nacht Schutz fanden. Unser Held, der bereits mit der Fähigkeit der Einsicht ausgestattet war, bemerkte gleich, daß die andern Puter glücklich waren. Er hingegen... war unausgeglichen, lebte in ständiger Unruhe und grübelte in dauernder Angst und Sorge, wie lange dieses üppige Leben wohl andauere und wie es nachher weitergehe. Wenig Zeit verging, bis er etwas darüber erfuhr. Aussprüche der Wärterin und Unterhaltungen mit den Nachbarinnen klärten ihn auf. Frau Carmela brummte nämlich immer wieder zwischen den Zähnen: »Zeige, wie schön du bist, Puter, bald wirst du gerupft...! Warte nur, wenn es Weihnacht wird...«

Wenngleich unser Held alles verstand, so konnte er doch nicht reden und somit auch nicht fragen, was denn an Weihnachten geschehe; aber er ahnte, daß es etwas Gutes wohl nicht sein könne. Nein, es mußte etwas ganz Schlimmes sein, etwas Grausames, ganz Schreckliches! Diese Ansicht verfestigte sich, als die angekündigte Weihnachtszeit näher kam und der Puter merkte, daß er und seine Gefährten einer unerklärlichen übermäßigen Freßkur unterworfen wurden. Können Sie mir sagen, wozu es gut war, sie alle mit so vielen Brotbrocken zu füttern und ihnen nachher auf barbarische Weise ganze Nüsse in den Rachen zu stopfen, mit Schalen und allem und hart wie Steine, und erst noch jeden Tag mehr, bis es täglich zwanzig waren? Unser Held hatte das Gefühl, sein Rachen sei schon ganz aufgekratzt. »Niemals kann ich das verdauen!« dachte er und erstickte beinahe. Am Ende aber verdaute er doch, war aber den ganzen Tag benommen und lahm – wie Menschen, die an Darmerweiterung leiden...

Eines Morgens, als er gerade mit der zwanzigsten Nuß gestopft worden war, kam eine Nachbarin, die Töpfersfrau von nebenan, und sagte zu Frau Carmela: »Haben Sie schon einen Puter bereit? Einen gut gemästeten? Der Koch des Herzogs hat mir aufgetragen, einen zu besorgen... für das Weihnachtsessen. Es muß aber ein besonders schönes Stück sein!«

»Da habe ich einen, der ist fett wie ein Schweineschinken... Schauen Sie ihn an und überzeugen Sie sich, wie schwer er ist...«

Sie packte unsern Helden an den Beinen, obwohl er sich verzweifelt wehrte, blies ihm die Federn an den Schenkeln auseinander, bis die pralle fettglänzende Haut sichtbar wurde. »Er sieht nicht schlecht aus!« meinte die Töpfersfrau, »wir verlangen vier Pesos, und Sie geben mir ein paar Pesetchen davon...«

»Der Koch wird dann dem Herzog sechs Pesos verrechnen... und alles in Butter!« antwortete Frau Carmela.

Unserm Puter war sämtliche Röte aus dem Kamm und aus den Lappen am Schnabel und am Hals gewichen; er war aschfahl. Als Frau Carmela ihn wieder auf den Boden stellte, konnte er sich kaum auf den Beinen halten. Er begriff genau, denn er hatte ja die Gabe des Verstandes: Man wollte ihn verkaufen, köpfen, verspeisen. Entsetzliches Geschick!

Gar nichts konnte er tun, ihm zu entgehen. Entfliehen? Sich verstecken? Wohin sollte er sich wenden? Wo er auch hinkäme, würde ihn sein verhängnisvoll fettes, zartes Fleisch wie ein Todesurteil begleiten. Der erstbeste, der den Luxusvogel einfing, würde ihm den Hals umdrehen und ihn braten. Es gab kein Entrinnen. Ihn erwartete das gleiche Geschick wie seine Gefährten... Nur wußten jene nicht um ihr trauriges Ende, und noch am Tag vor dem Schlachten würden sie mit derselben Lust und ohne aufzubegehren ihre Kleie fressen und die harten Nüsse hinunterwürgen.

Jetzt wußte unser Puter, warum das Jesuskind lächelnd und mit kindlichen Grübchen in den Wangen zu ihm gesagt hatte: »Aber weißt du denn, was du erbittest?«

Wieder wappnete sich der Vogel mit Demut, und es gelang ihm, in das Zimmerchen zu schlüpfen, wo der Schrein stand. Wieder erhob er seine stumme Klage zu dem süßen Bildnis. Jesus wußte schon, worum es ging. Er verstand die innere Qual des unglücklichen Tieres, das im Unterschied zu seinen Artgenossen wußte, was das Mästen, was das scharfe Messer bedeuteten; und wissentlich würde es auch das ruchlose Gefülltwerden miterleben, den heißen Bratofen, das neuerliche Aufgeschnittenwerden am Festtagstisch, wo die Gäste genüßlich das weiße Brustfleisch des armen Vogels kauen und dazu lachend Champagner trinken würden. Voller Erbarmen senkte Jesus wiederum seine Hand und sagte leise: »Geh in Frieden. Fürchte nichts.«

Getröstet und beruhigt ging der Puter weg; eine wunderbare Kraft war in ihm gewachsen, eine unbekannte Hilfsquelle stärkte ihn: der Glaube! Der Glaube ist sogar für Puter gut; er ist mächtiger als das Messer und als der Bratofen! Der Puter fürchtete sich nicht, denn das göttliche Kind hatte ihm geboten, nichts zu fürchten. Trotz allem aber waren die äußeren Umstände furchterregend. Er war aus dem Geflügelhof geholt und in die Küche des Herzogs gebracht worden. Dort widmete sich der Küchenjunge – sein späterer Henker – der Aufgabe, ihm Branntwein zu verabreichen und abwechslungsweise sich selbst einen Schluck zu gönnen. Allmählich wirkte sich die Trunkenheit aus: Unser Puter torkelte, sein Kamm schien zu brennen, ihm schwindelte.

In seiner Benommenheit meinte er einen Wandel seiner Gestalt zu spüren. Seine Glieder versteiften sich. Mit der Zeit kam er sich gar nicht mehr wie ein Puter aus Fleisch und Blut vor, sondern wie aus schön modelliertem farbigem Papiermaché auf zwei Drahtbeinen. In der Küche hörte man Zornesausbrüche. Wutentbrannt fuhr der Koch über den Jungen her: »Was hast du mit dem Puter getan? Elender Saufbold! Du hast ihn festgehalten und entwischen lassen!«

Fast zur gleichen Zeit entsetzte sich das Zimmerfräulein: »Hat man schon so etwas gesehen! Wie ist denn der Puter für die Weihnachtskrippe hierhergekommen! Komm, du Prachtskerl, ich stelle dich an deinen Platz!«

Augenblicke später stand unser Puter, der nun ganz zu Karton geworden war und sich nicht mehr bewegen konnte, an der Weihnachtskrippe zu Füßen des Christkindes, das in seine Windeln gewickelt die Hirten segnete und die Geschenke der Heiligen Drei Könige entgegennahm. Er war vor dem Schlachtmesser gerettet, gerettet auch vor den genußsüchtigen Zähnen, die ihn hätten zermalmen sollen, und voller Dankbarkeit schaute er das göttliche Kind an. Er fand, hier zu seinen Füßchen im warmen Hauch des

Öchsleins und des Eseleins zu stehen und als weitere Figur zum heiligen Tiergarten zu gehören, sei ein besseres Geschick als sein früheres, sei wahre Glückseligkeit. Halleluja!

Emilia Pardo Bazán

Das Kind

Je spärlicher das matte Licht des düsteren Dezemberabends durch die trübe Fensterscheibe drang, welche das Dachzimmerchen erhellen sollte, desto heftigere Schmerzen litt die arme Frau. Es gab Augenblicke, da meinte sie zu sterben – und sie wünschte es sich sogar –, mit solcher Wut bissen sie sich in alle Fasern ihres Körpers. Ihr Mann war nicht da; eines Morgens war er einfach verschwunden, wohin, wußte man nicht, obwohl man annahm, er sei nach Amerika ausgewandert, nicht so sehr, um Arbeit zu suchen, denn daran mangelte es hier nicht, sondern Freiheit für seine Laster; und deswegen ließ er seine Frau sitzen, wie man ein leergetrunkenes Glas auf der Theke in der Taberne stehenläßt. Die Ärmste war schutzlos und auf Almosen angewiesen zurückgeblieben, denn sie hatte keinen Beruf gelernt, war geradewegs zum Heiraten vom Land in die Stadt gekommen, und in dem Zustand, in dem sie sich jetzt befand, wollte man sie nicht einmal als gewöhnliches Dienstmädchen anstellen.

Trotzdem und obwohl sie allein, arm und verlassen war und sich vor Schmerzen und Qualen wand, spürte sie sich für Augenblicke wie von Hoffnung und Freude durchströmt. Abfall der Menschheit, in einen Winkel geworfen, vergessen, wie Kehricht sozusagen von ihresgleichen auf die Seite gefegt, sollte sie nun aus ihrem zerrissenen Leib neues Leben hervorbringen. Ihre Gedanken flogen davon, flogen im Taumel ehrgeiziger

Hoffnung hinauf in höchste Himmelshöhen! Als sie bei einbrechender Nacht das Schnarren der Rätschen, die gellenden Trompetenstöße, die schrillen Pfeifen und die hellen Akkorde der kleinen Gitarren hörte, dachte sie voller Stolz, daß all der Freudenlärm zu Ehren eines Kindes erschalle, eines Kindes, wie sie es in dieser Nacht zur Welt bringen sollte. Sie erwog den Unterschied in der geistigen Bedeutung überhaupt nicht; was verstand sie schon davon, die Bejammernswerte! Sie sah einfach ein molliges rosarotes Kindchen mit Flaum auf dem Kopf und einem Körperchen wie von der Drechslerscheibe; ein Kind wie das in der Krippe, welches mit einem frühen Lächeln und unschuldiger Anmut die Brust der Mutter sucht...

Bei solchen Bildern legte sich die Heftigkeit ihrer Wehen etwas, und sie schlummerte sogar ein bißchen ein. Das Fieber, welches immer mehr von ihr Besitz nahm, gaukelte ihr herrliche Träume vor. Gesichte stiegen in ihrer Phantasie auf, die nicht alle erfunden waren: Sie rührten von Predigten her, die sie bruchstückhaft gehört, von Ideen oder Gesprächsfetzen, die sie da und dort aufgeschnappt, von Weihnachtskrippen, welche die Klosterfrauen zur Freude der Kinder aus der Nachbarschaft im Besuchszimmer aufgestellt hatten. Mit solchen Splittern arbeitete ihre Vorstellungskraft unbewußt, wenn die Schmerzen, die sie zu zerreißen schienen, zeitweise nachließen.

Im silberhellen, milchig schimmernden Mondlicht sah sie eine schneebedeckte Ebene und darin ein verschlafenes Städtchen. Plötzlich schien der kalte Winterhimmel in flammender Morgenröte zu erglühen: Perlmutterne opalblaue Strahlen gingen von den Wolkenschleiern aus, als sei der ganze Himmel eine einzige in

allen Regenbogenfarben schillernde Riesenperle. Vor dem märchenhaften Hintergrund zeichneten sich allmählich – wie sich verdichtende Nebelchen – zarte Figuren ab. Sie trugen wehende lange Faltengewänder, jedes von einer andern Farbe, aber so zart und fein, daß man sie eher als Schattierungen, denn als Farben bezeichnen müßte. Die Köpfe der Erzengel – denn für solche hielt sie die Unglückliche – wuchsen aus langen weichen Hälsen heraus, und so dicht waren sie mit blonden Locken umrahmt, daß sie wie goldene Sonnen aussahen. Ein Sonnenchor tauchte aus dem opalenen Himmel auf und sang vor lauter Freude, daß das Kind endlich geboren war. Halleluja! Halleluja!

Unten auf der Erde, wo der Schnee zu Eis zusammengefroren war, bewegte sich ein Zug jauchzender jubelnder Menschen. Sie waren aber nicht schön wie die Erzengel und waren auch nicht in schimmernde Seide gekleidet. Lange Hemden aus grober Wolle, die am Gürtel mit Hanfschnüren zusammengehalten wurden, bedeckten ihre Leiber, und darüber trugen sie Ziegenfelle. Sie stützten sich auf rohe Stecken, und ihre schwarzen schwieligen Füße waren nackt. Vor sich her trieben sie Schafe und neugeborene Lämmchen, und die Frauen trugen Körbchen mit Eiern und Honig als Opfergaben. Sie ließen ihre Lauten und Hirtenflöten erklingen. Einer stachelte ein Eselchen an, das auf seinem Rücken Ziegenschläuche voll frischer Milch trug. Ein anderer hatte einen Sack mit Lammfellen auf dem Kopf, um das Kind in der Krippe weicher zu betten. Eine alte Frau hielt einen Hahn an den harten sporenbewehrten Füßen. Ein junges Mädchen streichelte zwei Turteltäubchen an ihrer Brust.

Dieser ganze Zug schritt nun in überschwenglicher Freude voran, denn geboren war das Kind. So jedenfalls sangen sie in ihren Liedern, und darum waren sie über Eis und Rauhreif auf dem Weg zum kleinen Städtchen, wo das Kind zur Welt gekommen war.

Die Gebärende sah auch, daß von einer Anhöhe ein Gefolge in asiatischer Pracht herunterkam: Kamele und Dromedare, Pferde und Sklaven begleiteten drei orientalische Fürsten in prachtvoll wallenden hermelin- und zobelverbrämten Mänteln über reichen edelsteinbesetzten Gewändern. Auch sie waren auf dem Weg zum Städtchen, der Schnee stob unter den Hufen ihrer Reittiere, und das Mondlicht ließ die goldenen Scheiden ihrer Krummsäbel und die schweren Diamanten aufblitzen, womit ihre Helmbüsche festgemacht waren. Ihre Lippen murmelten Worte der Anbetung – sie galten dem Kind! Dem Kind galt die Huldigung dieser weisen Herrscher! Dieses Kind zu sehen, bevor sie wieder in ihre fernen Heimatländer zurückreisten, war ihr sehnsüchtiger Wunsch! Dieses Kind wollten sie auf den Knien anbeten und das Weihrauchfaß schwingen, damit daraus duftende Rauchwolken entstiegen! Alles des Kindes wegen... Ein frevelhafter Gedanke ermüdete die matt dahindösende Frau noch mehr: »Auch du wirst ein Kind bekommen... Aber niemand freut sich, nicht einmal sein eigener Vater. Und dich lassen sie hier sterben, allein und verlassen, ohne Hilfe...«

Ein eisiger Luftzug, der durch das Dachfenster hereindrang, weckte die Frau auf, und damit erwachten auch ihre Schmerzen wieder. Zwischen ihren Wehen merkte sie, daß es unterdessen Nacht geworden war. Das Zimmer war nun vollständig dunkel. Sie streckte die Hand aus dem Bett, um Zündhölzer zu suchen. Da trat mit festen Schritten jemand herein, und dahinter mit zarten und weichen – sie schienen die einer alten Frau – jemand mit einer brennenden Kerze in einem Emailtellerchen. Sie erkannte die Kastanienfrau von der Ecke, Frau Engracia, die im gleichen Häuserblock wohnte und ihre Hilfe anbot. Der Mann mit dem festen Schritt war der Arzt, der zur Begrüßung ein Wort der Aufmunterung, des Mitgefühls murmelte: »Nur keine Angst... Es geht vorwärts, und bald sind Sie erlöst... Wir werden gleich sehen...«

Nach der Untersuchung sagte er allerdings mit weniger Überzeugung: »Nur Mut, ich glaube, es wird gutgehen...«

Die Kastanienfrau zog unter ihrem Umhängetuch ein dampfendes Töpfchen hervor und sagte: »Da habe ich ein wenig Fleischbrühe warm gemacht; die gibt mir die Köchin von Herrn Arróspide, dem reichen Bankier...«

»Die darf sie jetzt nicht essen«, bestimmte der Arzt, »sie hat ein wenig Fieber, man muß vorsichtig sein.«

Die gute Frau packte ihr Töpfchen wieder sorgfältig ein und setzte sich auf einen Stuhl: »Ist es schon bald soweit?«

»Ich glaube, es wird nicht lange dauern... Ich bleibe hier. Zu Hause werde ich zwar zum Essen erwartet – zum Weihnachtsessen! –, aber ich kann diese arme Frau jetzt nicht allein lassen.«

Der Lärm auf der Straße erstickte die Worte des Arztes und das Stöhnen der Gebärenden. Immer lauter wurde der Lärm, immer schrecklicher das Getöse. Weinselige Lieder, wüstes Geschrei und das Musikdurcheinander aus allen möglichen Instrumenten machten aus der Straße eine Teufelskneipe. Kaum hörte man aus dem untern Stockwerk die Akkorde eines bürgerlichen Klaviers. Auf einmal zeigte ein durchdringender Schrei das Ende des Dramas an... »Es lebt nicht«, stammelte mitleidig der Arzt, der sich an solche Schicksalsschläge nie gewöhnen konnte.

Die Betrübte hatte es gehört, und ihre Augen schweiften ziellos vom Arzt zur gütigen Alten, von der Decke zum Boden. Im Treppenhaus sangen frische Kinderstimmen das altvertraute Weihnachtslied vom Kind, das uns geboren ist und die Welt erlösen wird... Ja, jenes Kind war geboren; aber ihres? Die Unglückliche fing in ihrem Fieber an zu hadern und zu schimpfen, und der Arzt wußte nicht, was sagen, um sie ein wenig zu trösten. Die Wissenschaft versagt in solchen Fällen...

Da stand die alte Kastanienfrau auf und gab in ihrem unverblümten Madrider Dialekt zu bedenken: »Hör mal, Frau, wolltest du lieber, daß dein Kind lebendig und gesund und stark auf die Welt gekommen wäre, damit man es dann später geißeln, an einen Pfahl nageln und ihm Galle zu trinken geben kann? Sag, war es wirklich das, was du wolltest?«

Sie sank erschöpft auf das Kissen zurück. Aus ihren Augen begannen die Tränen zu fließen. Der Arzt befühlte ihre Schläfen und ihren Puls: »Das Fieber hat sich gelegt... Ich glaube, sie ist außer Gefahr.«

Draußen schwoll der Lärm der Geigen, Rätschen, Gitarren zu wildem Getöse.

ANHANG

Nachbemerkungen

Weihnachten in Spanien

Die Festzeit rund um die Geburt Christi hat im spanischen Jahresablauf eine etwas andere Bedeutung als bei uns im deutschen Sprachbereich und wird darum auch anders gefeiert. Sicher ist Weihnachten ein Hochfest der Christenheit, aber die Geburt des Jesuskindes ist erst der Beginn seiner Erlösungstat, die ihre Vollendung in Christi Leiden und Tod und in seiner glorreichen Auferstehung erfährt. Darum ist für die Spanier die Karwoche und Ostern die hohe Zeit im Kirchenjahr: In großen Städten wie in kleinen Dörfern begleitet die Bevölkerung in eindrücklichen Bußprozessionen Christus auf seinem Leidensweg, trauert mit der schmerzensreichen Muttergottes um den Gekreuzigten und preist am Ostermorgen seine Auferstehung. Auch in den Geschichten unserer Auswahl wird deutlich, daß in Spanien das Weihnachtsgeschehen in seinem Bezug auf die Passion gesehen wird.

Doch auch wenn an Weihnachten bisweilen Gedanken an Leiden und Tod auftauchen mögen, hindert das die Spanier keineswegs daran, sich über die Geburt des Herrn herzlich zu freuen und ein fröhliches, ja ausgelassenes Fest zu feiern, und die Vorbereitungen dazu fangen schon recht früh an, denn mancherorts beginnen die Weihnachtsmärkte bereits am Fest Mariä Empfängnis (8. Dezember). Da kann an den Marktständen auf dem Hauptplatz oder vor der Kathedrale alles erstanden werden, was es zu einem richtigen »Belén« (Bethlehem) braucht, und das ist in Spanien nicht wenig, denn jede Familie räumt dem »Belén« einen Ehrenplatz in der Wohnung ein, bisweilen ein ganzes Zimmer, mindestens aber einen Tisch oder eine Wand. Außer dem Stall mit der Heiligen Familie – der meist als eine Art Felsgrotte dargestellt wird – gehört auch das Städtchen Bethlehem mit seinen Bewohnern dazu – die bei ihren alltäglichen Beschäftigungen gezeigt werden –, dann die Landschaft mit Wiesen, Bächen, Wäldern, Bergen, Schluchten, die Hirten mit ihren Herden und die Heiligen Drei Könige mit ihrem Gefolge. Oft wird auch die Stadt Jerusalem mit Mauern, Türmen und Kuppeln, mit dem Tempel und dem Palast des Herodes und den römischen Soldaten einbezogen – der Phantasie ist keine Grenze gesetzt. Jede Familie hat ihren Stil: Die einen gestalten eine künstlerisch besonders wertvolle Krippe mit kostbaren Einzelstücken, die andern legen Wert auf möglichst viele biblische und alltägliche Einzelszenen in der Art einer Simultanbühne, wieder andere versuchen sich in möglichst naturgetreuer Landschaftsdarstellung, in ausgeklügelten Beleuchtungen, Wasserspielen…, und dort wo die Kinder selbst das »Belén« aufbauen, wird vielleicht Witz und allerlei Schabernack das Hauptziel sein. Wenn am Weihnachtsfeiertag die Familien einander besuchen, so auch um die Krippen zu bewundern und sich besonders gelungene Einzelheiten erklären und vorführen zu lassen. Unsere Geschichten belegen mit ihren ausführlichen Schilderungen eindrücklich die Wichtigkeit und Vielfalt der Weihnachtskrippen in den Privathäusern, aber auch in Klöstern, Kirchen und andern öffentlichen Gebäuden.

Auch auf die Bedeutung des Nachtessens am 24. Dezember im Kreise der Familie oder mit Freunden und

Bekannten weisen unsere Geschichten hin. Traditionell ist es eine Fastenspeise ohne Fleisch, denn so schreibt es die Kirche für den Vorabend großer Feste vor. Jede Gegend hat ihre typischen überlieferten Gerichte. Am Weihnachtsfeiertag jedoch kommt in ganz Spanien der Truthahn auf den Tisch. Alt überliefert sind auch die zu Weihnachten gehörenden Süßigkeiten, nämlich der »Turrón«, eine Masse aus Mandeln, Honig und Eiern, je nach Gegend eher wie Nougat oder wie Marzipan, dann die »Peladillas«, Mandel- oder Pinienkerne mit hartem Zuckerguß, und die »Polvorones«, eine Art Sandtörtchen. Dazu trinkt man Süßweine.

Befremden mag hierzulande, daß im Zusammenhang mit dem Heiligen Abend in unsern Geschichten dauernd von singenden und musizierenden Gruppen, von Lärm und Betrieb die Rede ist. Die spanische Gewohnheit, die »Nochebuena«, die Heilige Nacht, auf der Straße zu verbringen, geht auf den alten Brauch des »Aguinaldo«-Bettelns zurück. Dazu zogen die Dorfkinder mit ihren ländlichen Musikinstrumenten von Hof zu Hof, sangen »Villancicos« und wurden dafür mit Süßigkeiten, Nüssen oder Obst beschenkt. Das »Villancico« ist die typisch spanische Form des volkstümlichen Weihnachtsliedes, das zwar die Geburt des Jesuskindes besingt, aber ähnlich wie unsere Fasnachtsschnitzelbänke mit neu hinzugedichteten Strophen Tagesaktualitäten aufnehmen und mitunter recht derb, ja unflätig werden kann. Ein schönes Beispiel hierfür gibt uns Valle-Inclán in seiner Heiligabendgeschichte. – Traditionelle Lieder und Musikinstrumente beherrschen auch das weihnachtliche Treiben in unsern Geschichten; die Rede ist hauptsächlich von der »Pandereta« (Schellentrommel), der »Zambomba« (einer Art

Trommel ohne Boden, in deren Fell ein Stock steckt, mit dem durch Auf- und Abbewegen ein reibendes Geräusch erzeugt wird), dann auch vom »Rebel« (einer kleinen Gitarre mit vier Saiten) und allen möglichen Lärminstrumenten wie Rasseln, Knarren, Rätschen, Schnarren, Pfeifen..., in Galicien besonders auch Jakobsmuscheln, die wie Kastagnetten zusammengeschlagen werden. Bei so ausgelassener lärmiger Fröhlichkeit wundert es nicht, daß mitunter zuviel getrunken wird, und so kann es sogar vorkommen, daß die »Misa del Gallo«, die Mitternachtsmesse, von grölenden Gruppen gestört wird.

Die Geschenke werden in Spanien am Dreikönigstag (6. Januar) verteilt. Am Vorabend reiten die Heiligen Drei Könige hoch zu Pferd (in großen Städten sogar auf Kamelen) mit ihrem Gefolge in einem langen Umzug ein und begeben sich ins Rathaus. In dichten Reihen säumen die Zuschauer die Straßen oder warten gespannt auf dem Rathausplatz, bis Kaspar, Melchior und Balthasar vom Balkon die Menge grüßen. In dieser Nacht sind die Geschäfte und Verkaufsstände bis in die Morgenstunden offen, denn im Vorbeireiten »werfen« die Drei Heiligen Könige den Kindern die Geschenke zu; dazu stellen diese ihren Schuh vor das Fenster und daneben ein Schälchen Wasser und ein Stück Brot oder ein Büschel Heu für die Pferde. Der 6. Januar ist der Tag der Kinder: Da spielen sie mit ihren neuen Sachen, besuchen sich gegenseitig, um zu fragen: »Was haben dir die Könige ›geworfen‹?« Somit sind also die Heiligen Drei Könige in Spanien wichtige Figuren im Weihnachtsgeschehen, und es fällt in unsern Geschichten auf, daß ihnen sogar mehr Beachtung geschenkt wird als Maria und Josef.

Natürlich hat sich in neuerer Zeit vor allem in den Städten einiges an den überlieferten Bräuchen geändert. So hat z. B. der geschmückte Christbaum schon vor längerer Zeit auch in Spanien Einzug gehalten und in manchen Häusern das traditionelle »Belén« verdrängt; in andern steht der Baum einträchtig neben dem »Belén«. Unverändert geblieben ist auf jeden Fall die fröhliche unbeschwerte Festfreude, die bis weit in den Januar hinein anhält.

Zur Auswahl

Wie in ganz Europa ist auch in Spanien das 19. und beginnende 20. Jahrhundert eine große Blütezeit der erzählenden Literatur. Zwar beherrscht auch in Spanien der breit angelegte bürgerliche Roman weitgehend die Szene, daneben aber entwickelt sich, wie auch im übrigen Europa, die kurze Erzählung immer deutlicher zu einer wichtigen eigenständigen Gattung und wird dann als moderne Kurzgeschichte eine der wesentlichen Ausdrucksformen unseres Jahrhunderts.

Es mag erstaunen, daß bei aller Fülle an Erzählungen Weihnachten in der spanischen Literatur ein eher zufälliges Thema ist. Einzig Emilia Pardo Bazán hat gezielt und über längere Zeit Weihnachtsgeschichten geschrieben, aber auch sie sind wenig bekannt und in keiner modernen Ausgabe zugänglich, und dies obwohl sich die große Erzählerin darin auf der Höhe ihrer Meisterschaft zeigt. Im Werk der übrigen bedeutenden Erzähler der Epoche finden sich nur da und dort vereinzelte Weihnachtsgeschichten, die aber in ihrer inhaltlichen Eigenwilligkeit und formalen Ausgestaltung ihren Autor doch recht treffend vorstellen. Was also zunächst wie zufällig zusammengetragene einzelne Brocken aussehen mag, erweist sich schließlich als bemerkenswert guter Einblick in die Literatur der Epoche:

Benito Pérez Galdós ist der wichtigste Vertreter des bürgerlichen Realismus, welcher sich dann unter dem Einfluß Frankreichs zum Naturalismus weiterentwikkelt, dessen bedeutendste Autoren Emilia Pardo Bazán und Leopoldo Alas, »Clarín«, sind. Nach dem Verlust der letzten Überseekolonien im Kubakrieg 1898 leitet die sogenannte 98er Generation, zu der Ramón del Valle-Inclán und José Martínez Ruiz, »Azorín«, gehören, den Aufbruch ins 20. Jahrhundert ein; sie fordert von der spanischen Gesellschaft die kritische Auseinandersetzung mit der eigenen Vergangenheit und den Anschluß an die neuen geistigen Strömungen Mitteleuropas. Aber gerade Valle-Inclán mit der für sein späteres Werk typischen beißend scharfen Verzerrung (besonders deutlich in den ›Esperpentos‹) und »Azorín« mit seiner zarten Schlichtheit und dem feinfühlig herausgearbeiteten Detail beweisen, daß Spanien in dieser Zeit auch selbständige und ihm wesensgemäße Ausdrucksformen fand.

Daß die Geschichten unserer Auswahl aber keineswegs nur literaturhistorische Dokumente sind, sondern auch heutige Leser unmittelbar anzusprechen vermögen und manche mit ihrer Aussage überraschend modern anmuten, zeigt wiederum den hohen künstlerischen Rang ihrer Autoren.

Zu den Autoren

Benito Pérez Galdós (1843–1920)

Er wurde auf den Kanarischen Inseln geboren, lebte und wirkte dann aber in Madrid. In seiner Bedeutung für die Literatur seiner Epoche ist er mit Balzac, Dickens oder Tolstoi vergleichbar. Allein seine 46 Bände ›Episodios nacionales‹, (1873–1920), ein farbenprächtiges Bilderbuch der spanischen Geschichte seines Jahrhunderts, zeigen die Weite und Wucht seines epischen Schaffens. Seine 34 (umfangreichen) Romane schildern vor allem das Madrider Bürgertum zwischen Traditionsgebundenheit und fortschrittlichem Liberalismus; allgemein bekannt und nach wie vor beliebt sind z.B. ›Doña Perfecta‹ (1876), ›Gloria‹ (1877), ›Fortunata y Jacinta‹ (1886), ›Misericordia‹ (1897). – Kurze Erzählungen hat er nur einige wenige geschrieben; seine Weihnachtsgeschichte ›La mula y el buey‹ ist seine gelungenste und bekannteste.

Emilia Pardo Bazán (1851–1921)

Freudig begrüßte das Madrider Publikum jede neue Erzählung, welche »die Pardo Bazán« laufend in Zeitungen und Zeitschriften veröffentlichte, und unter ihren mehr als fünfhundert meist ganz kurzen Geschichten finden sich denn auch manche Kleinode der Erzählkunst, die bis heute ihre Frische und Aktualität bewahrt haben. – Die Gräfin Emilia Pardo Bazán stammte aus Galicien, erwarb sich auf vielen Reisen eine umfassende europäische Bildung, wirkte als Professorin für neulateinische Literaturen an der Universität Madrid und war auch politisch als Mitarbeiterin im Erziehungsdepartement tätig. Mit Überzeugung setzte sie sich zeitlebens für die Rechte der Frau ein. Literarisch ist sie vom französischen Naturalismus beeinflußt. In eindrücklichen Bildern schildert sie das Leben in ihrer galicischen Heimat, an der sie sehr hängt, und in der bürgerlichen Madrider Gesellschaft, scheut sich aber trotz ihrer aristokratischen Abstammung und ihrer Verankerung im Katholizismus keineswegs, auch dunkle Seiten aufzudecken und Mißstände anzuprangern. – Von ihren zahlreichen Romanen werden ›Los Pazos de Ulloa‹ (1886) und ›La Madre Naturaleza‹ (1887) als ihre wichtigsten angesehen. Unsere Erzählungen sind ihren gesammelten Werken entnommen (›Obras completas. Novelas y Cuentos‹, Madrid 1947).

Leopoldo Alas, »Clarín« (1852–1901)

Seine Heimat ist Asturien; ihr blieb er zeitlebens treu, und sie ist auch Schauplatz seiner Werke. Er war Professor für Rechtswissenschaft an der Universität Oviedo, schon früh aber als hervorragender Essayist bekannt und als scharfer Kritiker gefürchtet. Sein erzählerisches Hauptwerk ›La regenta‹ (1884) ist das spanische Gegenstück zu Flauberts ›Madame Bovary‹ und erfährt gerade in jüngster Zeit in seiner epochemachenden Bedeutung neue Wertschätzung in der Fachwelt und beim Lesepublikum. Auch in seinen zahlreichen kurzen Erzählungen (die meisten schrieb er in seinen späteren Jahren) geht er neue und zukunftsweisende Wege; in mancher Beziehung ist er ein wichtiger Vorläufer der modernen Kurzgeschichte. – ›La noche-mala del diablo‹ stammt aus ›Cuentos morales‹ (Madrid 1973).

Ramón del Valle-Inclán (1866?–1936)

Seine Herkunft aus einer verarmten galicischen Landadelsfamilie zwingt ihn, sein Studium frühzeitig aufzugeben und in Mexiko sein Glück zu suchen – erfolglos. Sein Entschluß, Schriftsteller zu werden, führt ihn gegen Ende des Jahrhunderts nach Madrid, wo er zeitlebens ein schwieriges Bohèmeleben führt, aber mit seiner ausgefallenen äußeren Aufmachung die Literatenzirkel malerisch belebt. Ersten Erfolg hat er mit seinem vierbändigen Roman ›Sonatas‹ (1902–1905), dem Hauptwerk seiner frühen schöngeistig idealisierenden Epoche. Später wird seine Literatur immer kritischer und sarkastischer, und in seinen ›Esperpentos‹ (Schrecknisse) in Theater- und Erzählform, wo er mit beißendem Spott die spanische Wirklichkeit karikierend verzerrt sichtbar macht, wird er zum revolutionärsten Autor der ersten Jahrhunderthälfte. – ›Nochebuena‹ stammt aus ›Jardín umbrío‹ (1903).

José Martínez Ruiz, »Azorín« (1873–1967)

Er stammt aus einer wohlhabenden Bürgerfamilie der Provinz Alicante, studierte die Rechte, wandte sich in Madrid aber bald dem Journalismus zu. In seiner frühen Phase übte er scharfe Kritik an den spanischen Traditionen, wurde aber mit der Zeit versöhnlicher. Er war mehrmals Parlamentsabgeordneter (1907–1920) und sogar Unterstaatssekretär im Erziehungsdepartement. Im Bürgerkrieg floh er nach Paris, arrangierte sich später aber mit dem Franco-Regime und lebte die letzten Jahrzehnte vorwiegend der Literatur. Obwohl er sehr viel geschrieben hat und alle Literaturgattungen pflegte, sind es eigentlich nicht einzelne Werke, die ihn zu einer herausragenden Persönlichkeit der ersten Jahrhunderthälfte machen. Sein bewußt schlichter, sparsamer Stil, seine Genauigkeit, seine Freude am Detail erschließen dem Leser neue Sichtweisen und schärfen seinen Blick für die Bedeutung des scheinbar Unbedeutenden. Dadurch löste Azorín die spanische Literatur aus der rhetorischen Weitschweifigkeit des 19. Jahrhunderts und ebnete den Weg für neue Ausdrucksmöglichkeiten. – ›El primer milagro‹ stammt aus ›Blanco en azul‹ (Madrid 1944), ›El tercer retazo‹ und ›La razón y la fe‹ aus ›Cuentos‹ (Madrid 1956).

Lesen, was zu lesen lohnt: Winkler Weltliteratur

Dünndruckausgaben
Lieferbar in Leinen und Leder

Frank Wedekind
Werke in zwei Bänden
– Band I: Gedichte und Lieder/Prosa/Frühlings-Erwachen und die Lulu-Dramen
– Band II: Der Marquis von Keith/Karl Hetmann/Musik/Die Zensur/Schloß Wetterstein/Franziska und andere Dramen
Herausgegeben, mit Nachworten (Band I und II), Anmerkungen und Zeittafel von E. Weidl. Insgesamt 1664 Seiten, mit 12 Illustrationen von Alastair.

Else Lasker Schüler
Werke
Lyrik, Prosa, Dramatisches. Herausgegeben, mit Nachwort, Anmerkungen und Zeittafel von S. Bauschinger. 526 Seiten.

Heinrich Mann
Professor Unrat oder Das Ende eines Tyrannen
Die kleine Stadt
Romane. Mit Nachwort, Anmerkungen und Zeittafel von H. Scheuer. 662 Seiten.

Alfred Döblin
Berlin Alexanderplatz
Die Geschichte von Franz Biberkopf. Roman. Mit Nachwort, Anmerkungen und Zeittafel von H. Kiesel. 587 Seiten.

Günter Grass
Hundejahre
Roman. Mit Nachwort, Anmerkungen und Zeittafel von V. Neuhaus. Ca. 730 Seiten.

Henrik Ibsen
Dramen
Aus dem Norwegischen von Chr. Morgenstern, E. Klingenfeld, M.v. Borch u.a. Mit einem Nachwort von O. Oberholzer und C. Raspels. 724 Seiten.

Johann Wolfgang von Goethe
Werke in sechs Bänden
Nach dem Text der Artemis-Gedenkausgabe der Werke Goethes. Neu herausgegeben, mit einem Essay zu jedem Band von D. Borchmeier. Mit 45 Farbtafeln.
Auch als Kassette erhältlich.

- Band I: Gedichte/West-östlicher Divan/Reineke Fuchs/Hermann und Dorothea/Achilleis
Mit Anmerkungen von E.-M. Lenz und P. Huber. 852 Seiten mit 7 Tafeln
- Band II: Dramen (Faust I und II/Die Laune des Verliebten/Götz von Berlichingen/Clavigo/Stella/Egmont/Iphigenie/Torquato Tasso/Die natürliche Tochter/Pandora/Des Epimenides Erwachen
Mit Anmerkungen von I.-M. Barth und P. Huber. 1104 Seiten mit 8 Tafeln.
- Band III: Die Leiden des jungen Werther/Unterhaltungen deutscher Ausgewanderten/Die Wahlverwandtschaften/Novelle/Maximen und Reflexionen
Mit Anmerkungen von A. Viviani und P. Huber. 704 Seiten mit 9 Tafeln.
- Band IV: Wilhelm Meisters Lehrjahre/Wilhelm Meisters Wanderjahre
Mit Anmerkungen von A. Viviani und P. Huber. 1048 Seiten mit 5 Tafeln.
- Band V: Dichtung und Wahrheit
Mit Anmerkungen von S. Scheibe. 852 Seiten mit 7 Tafeln.
- Band VI: Reisen (Die Italienische Reise/Reise in die Schweiz 1797/Campagne in Frankreich/Belagerung von Mainz/St. Rochusfest zu Bingen)
Mit Anmerkungen von E.-M. Lenz, A.Viviani und P. Huber. 912 Seiten mit 9 Tafeln.

Artemis & Winkler Verlag, München und Zürich

Klassische Weihnachtsgeschichten

dtv 2400

dtv 2028

dtv 2287

dtv 2303

Klassiker der italienischen Literatur

Dante Alighieri:
Die Göttliche Komödie
Aus dem Italienischen übertragen von Wilhelm G. Hertz
Nachwort von Hans Rheinfelder und Anmerkungen von Peter Amelung
Dünndruck-Ausgabe
dtv 2107

La Divina Commedia – Die Göttliche Komödie
Italienisch und deutsch
Herausgegeben, übersetzt und kommentiert von Hermann Gmelin
Vollständige Ausgabe
6 Bände, 2900 Seiten
dtv/Klett-Cotta 5916

Vita nova
Das neue Leben
Nach der revidierten Übersetzung von Karl Federn herausgegeben und kommentiert von Anna Coseriu und Ulrike Kunkel
Zweisprachige Ausgabe
dtv 2199

Alessandro Manzoni:
Die Verlobten
Mit 440 Illustrationen
Mit einem Essay von Umberto Eco
Übersetzt und mit einem Nachwort versehen von Ernst Wiegand-Junker
Dünndruck-Ausgabe
dtv 2142

Die Nonne von Monza
Aus dem Italienischen übersetzt und mit einem Nachwort versehen von Heinz Riedt
dtv 2192

Die Schandsäule
Romanchronik
Mit einem Vorwort von Leonardo Sciascia
Herausgegeben und aus dem Italienischen übersetzt von Wolfgang Boerner
dtv 2205

Klassiker der französischen Literatur

Abaelard:
Die Leidensgeschichte und der Briefwechsel mit Heloisa
dtv 2190

Henri Alain-Fournier:
Der große Meaulnes
dtv 2308

Charles Baudelaire:
Les Fleurs du Mal
Die Blumen des Bösen
Vollständige zweisprachige Ausgabe
dtv 2173

Alexandre Dumas:
Die Kameliendame
dtv 2315

Gustave Flaubert:
Madame Bovary
dtv 2075

Französische Dichtung
Zweisprachige Ausgabe in vier Bänden

Band 1:
Von Villon bis Théophile de Viau
dtv 2288

Band 2:
Von Corneille bis Gérard de Nerval
dtv 2289

Band 3:
Von Baudelaire bis Valéry
dtv 2290

Band 4:
Von Apollinaire bis heute
dtv 2291

Kassettenausgabe der vier Bände
dtv 59019

Joris Karl Huysmans:
Marthe
Geschichte einer Dirne
dtv 2316

Guy de Maupassant:
Die Liebe zu dritt
Geistreiche Plaudereien über das Leben und die Kunst
dtv 2317

Jules Renard:
Natur-Geschichten
Von Katzen, Fröschen und allerlei Getier
dtv 2297

Jean-Jacques Rousseau:
Julie oder
Die Neue Héloïse
dtv 2191

J. H. Bernardin de Saint-Pierre:
Die indische Hütte
dtv 2318

George Sand:
Ein Winter auf Mallorca
dtv 2197

Sie sind ja eine Fee, Madame!
Märchen aus Schloß Nohant
dtv 2197

Nimm Deinen Mut in beide Hände
Briefe
dtv 2238

Nanon
Roman
dtv 2282

Sie und Er
dtv 2295

Mauprat
Geschichte einer Liebe
dtv 2300

Lelia
Roman
dtv 2311

Jeanne
Roman
dtv 2319

Stendhal:
Die Kartause von Parma
dtv 2293

Alexis de Tocqueville:
Der alte Staat und die Revolution
dtv 2204

François Villon:
Sämtliche Werke
französisch / deutsch
dtv 2304

Emile Zola:
Nana
dtv 2008

Klassiker der deutschen Literatur

Ludwig Bechstein:
Sämtliche Märchen
Mit 187 Illustrationen
von Ludwig Richter
Hrsg. v. Walter Scherf
2 Bände in Kassette
dtv 2207

Georg Büchner:
Werke und Briefe
Neuausgabe
Hrsg. und kommentiert
von Karl Pörnbacher,
Gerhard Schaub,
Hans-Joachim Simm
und Edda Ziegler
dtv 2202

Theodor Fontane:
Effi Briest
Hrsg. v. Walter Keitel u.
Helmuth Nürnberger
dtv 2117

Der Stechlin
Kommentierte Ausgabe
Herausgegeben von
Walter Keitel und
Helmuth Nürnberger
dtv 2184

H. J. Chr. v. Grimmelshausen:
Der Abenteuerliche
Simplicissimus Teutsch
Hrsg. v. Alfred Kelletat
dtv 2004

Wilhelm Hauff:
Sämtliche Märchen
dtv 2050

Gottfried Keller:
Der grüne Heinrich
(Erste Fassung)
dtv 2034

Heinrich von Kleist:
Sämtliche Erzählungen
und Anekdoten
Herausgegeben von
Helmut Sembdner
dtv 2033

Heinrich von Kleist:
Sämtliche Werke und
Briefe in zwei Bänden
Herausgegeben von
Helmut Sembdner
dtv 5925

Des Knaben Wunderhorn
Alte deutsche Lieder
Gesammelt von
L. Achim von Arnim
und Clemens Brentano
Dreibändige Gesamtausgabe in Kassette
dtv 5939

Lenz, Jakob Michael Reinhold:
Werke
Dramen, Prosa, Gedichte
Aufgrund der Erstdrucke
herausgegeben und
kommentiert von
Karen Lauer
Mit einem Nachwort
von Gerhard Sauder
dtv 2296

Moritz, Karl Philipp:
Anton Reiser
Ein psychologischer
Roman
Mit den Titelkupfern
der Erstausgabe
Herausgegeben und
erläutert von
Ernst-Peter Wieckenberg
dtv 2286

Johann Gottfried Seume:
Spaziergang nach Syrakus
Vollständige Ausgabe
Herausgegeben von
Albert Meier
dtv 2149

Georg Trakl:
Das dichterische Werk
Hrsg. v. Walther Killy
und Hans Szklenar
dtv 2163